NHK にっぽん百低山

吉田類の愛する低山30

二合目

NHK出版

まえがき

東京の奥座敷・高尾山から下山後の電車で、高齢のご夫婦に「百低山の番組、楽しみにしています」と声を掛けられた。定年を迎えてから登山に嵌《は》まったご亭主は89歳。「高尾山には千数百回登った」と誇らしげで、その矍鑠《かくしゃく》たる姿に感心した。

実は低山歩きのロケ中、シニアの登山者とこんな内容の言葉を交わすことが驚くほど多い。登山を自分の日常に取り込んで、健康維持は元より〝癒やし〟を得るという。山は動かざるにしても、その表情は刻々と変わり続けるから飽きることがない。四季の変化はもちろん、天候や心もようで景色は違って見える。

旅人として生涯を終えた俳聖・松尾芭蕉。かの有名な『おくのほそ道』の冒頭は、酒好きだった李白の詩の一節「光陰者百代之過客」をベースにしている。「月日は百代の過客にして、行きかふ年もまた旅人なり。舟の上に生涯をうかべ…」を折に触れて読み返す。老いてゆく我が身であれば、文章の味わいも変わってきた。名文は色褪《あ》せたりしない。

芭蕉の辞世句とされる「旅に病んで夢は枯野をかけ廻る」も、山旅そのものを象徴しているかのように思う。

「『にっぽん百低山』は、手の届きそうな低山への好奇心を刺激してくれる」

山で出会う登山者からの特別に嬉しい言葉だった。そんな出会いが萎《な》えかけた僕の身体を後押ししてくれる。

ただし、低山といえども時として危うい古道を辿《たど》る。山は〝この世〟と〝あの世〟をつなぐものであり、番組でも山岳信仰の対象の山や、修験道の実践の場としての山を数多く紹介してきた。低山歩きは古《いにしえ》びとの足跡を発見する旅でもあった。僕も考古学や民俗学的な興味を膨らませつつ登るようになった。

南北にざっと3000キロの距離をもつ日本列島。沖縄の熱帯雨林から北海道の亜寒帯湿潤気候まであり、さらに高山気候が加わる。地質時代に目をやれば5億年前の古生代、ジュラ紀のあった中生代、「チバニアン」の表記も加わった新生代などなど。それらの地質がモザイク状に混在した地層を呈す。そして現在の火山活動で誕生する新山までが「にっぽん百低山」の舞台となる。

海の湿気は山地に雨雪となって水源をもたらし、多くの固有種を含む動植物の命を輝かせる。ストックを手に野草花を愛で、木陰に涼風を求める。神々が集ったかもしれない丘に至ったら、未知なる惑星の絶景を眺めるかの気分に浸れる。

さあ、己が好奇心をザックに詰めて、低山の世界へと旅立ちましょう。

吉田 類

目次

エリア五

中国・四国

エリア六

九州

本書は吉田類さんと一緒に「誌上登山」を楽しむ一冊です。実際に山に登る場合は、適切な準備をし、安全な登山を心がけましょう。

エリア 一

北海道・東北

青森県

大《おお》尽《つくし》山《やま》

心躍る天国へ導く緑深き秀峰

比叡山、高野山に並ぶ日本三大霊場・恐山《おそれざん》。大尽山は、恐山菩提寺の伽藍を抜け、美しい宇曽利湖の背後に聳《そび》える。そこは西方浄土とされ、死者が還る地という。ところが実際は、自然豊かな森と絶景が広がる天国との噂も。そもそもかつての恐山は、現代とは異なるイメージだったらしい。

宇曽利湖の湖面に整った円錐形の大尽山が映る

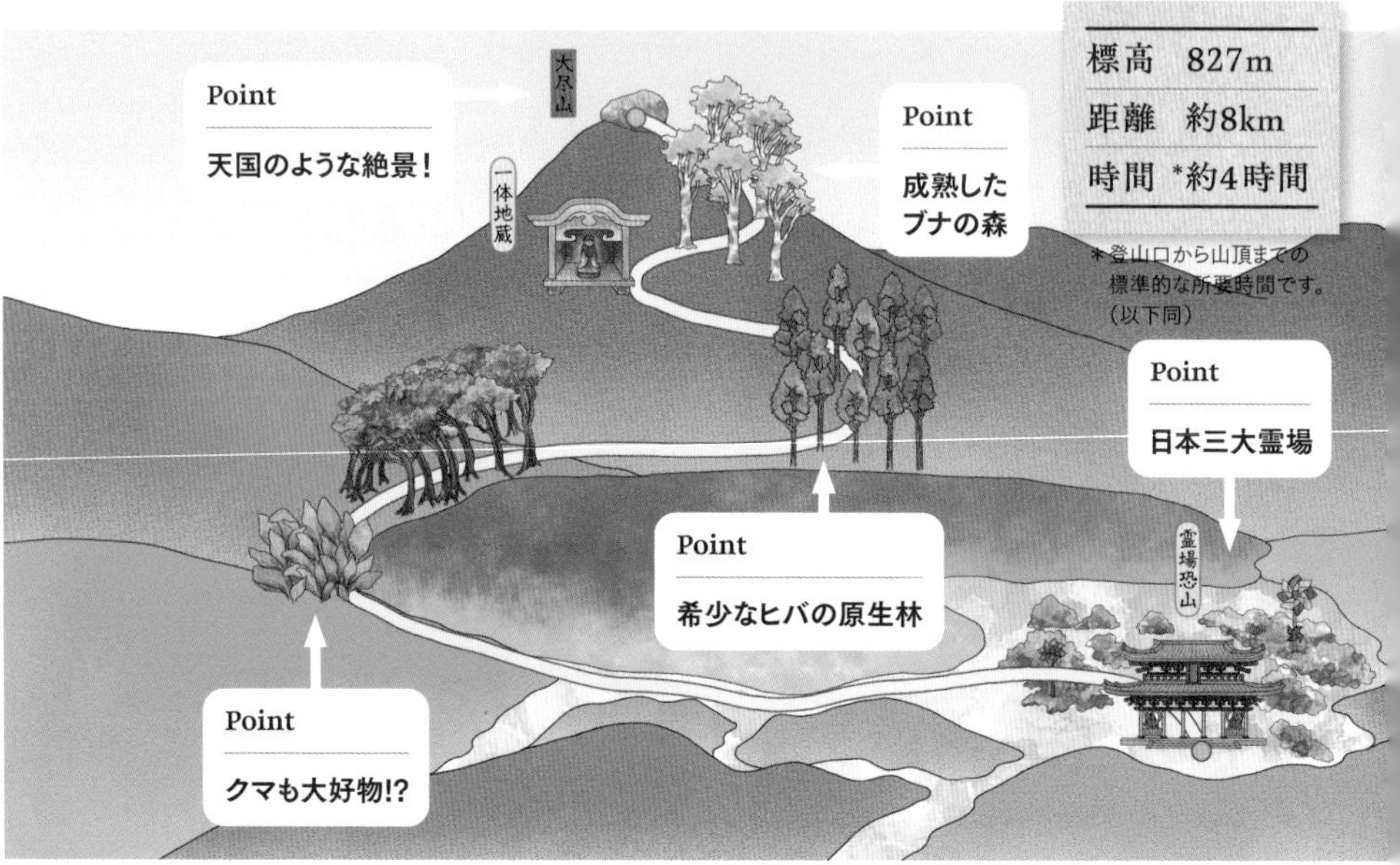

右／恐山菩提寺の境内にある温泉。歴史を紐解けばその存在の意味が浮かび上がる　中／無間地獄にある風車はどこか物悲しい　左／登山道の途中にある看板にはクマが傷つけた跡が残る

霊場のイメージ覆す極楽を目指して登る道楽ハイクのススメ

恐山山系の一座に数えられる大尽山。実際に「恐山」という単独峰はなく、カルデラにできた宇曽利湖を囲む8座の外輪山の総称となる。また山系名の由来も霊場として名高い「恐山菩提寺」から来ている。今回はその霊場に立ち寄り、恐山ならではの雰囲気を味わったあと、一転して木漏れ日が心地よい森の中を進む。下北半島が誇る自然を満喫しながら恐山の歴史を探る。新日本百名山に選ばれたのも納得できる、変化に富んだ歩きごたえ十分のコースだ。

太鼓橋がまたぐのは宇曽利湖に注ぐ三途の川

恐山菩提寺〜自然遊歩道入口

地獄巡りの霊場と神秘の湖が織りなす異空間

恐山に来たならば、まずはその名の由来とされる恐山菩提寺に参拝しない訳はない。道中の赤い太鼓橋が架かる三途の川を越え、霊域とされるエリアへと入っていく。「ちょっとドキドキしますが、頑張っていきましょう」と、霊域だろうとなかろうと、類さんはいつもの飄々《ひょうひょう》とした調子で歩き始める。

重厚な総門をくぐり境内に入ると、所々で蒸気が上がり、硫黄の匂いが漂う。その隣に広がるのは、草木もない岩場に、供養のための小石が積み上げられた異様な光景。無間地獄と呼ばれるこの岩場には、そこかしこにある地蔵像や風車が蒸気の熱気に揺らめき、まさにあの世を表現しているかのよう。恐山は「死者の霊が集まる場所」と言われるだけあって、さすがの類さんもただならぬ空気を感じとっている、かどうかはその横顔からは窺い知れない。

岩場を抜けて宇曽利湖畔に出る。「彼岸の世界が映っている！」と類さんが表現するその風景は、真っ白な砂浜とエメラルドブルーの湖面に映る大尽山の端正な山容。このできすぎた風景にどこか虚無感を覚えるのは、湖に生命の気配がほぼないから。水質が強い酸性のため、かろうじてウグイ一種類が生息しているだけという。

湖畔で出会ったのが同院の住職代理・南直哉さん。大尽山は参拝客にも人気の山という。「あそこに行くと、どんな気持ちになるのかは、行った者のみが知ること」と意味深な言葉。一体何が待ち受けているのか、登山は湖に沿う遊歩道から始まる。

無間地獄の先にある小高い丘には延命地蔵尊が建つ

Column

恐山菩提寺

862（貞観4）年、最澄の弟子・慈覚大師円仁が開山したと伝わる。死者の供養をする場として、古くから崇拝されてきた。周囲の景観を地獄に模した「地獄巡り」が、江戸時代に「東海道中膝栗毛」の十返舎一九などにより紹介されたことで、現在に近いイメージが定着した。境内には4か所の温泉があり、入山料（大人500円）を払えば入浴できる。夏と秋の大祭で行われるイタコの口寄せは有名。

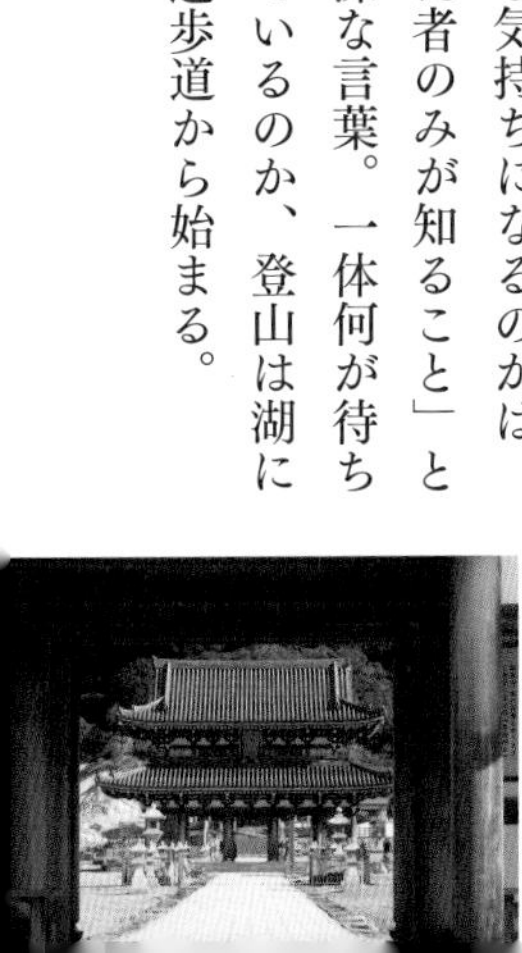
総門の先に見える山門。風格ある佇まいに身が引き締まる

自然遊歩道入口～一体地蔵

人にはあの世でも野生動物には楽園の豊かな森

下北半島は本州随一のクマ生息地。いくら「クマ好き」を公言する類さんでも、同行者を危険にさらすつもりはない。森に入る遊歩道の先で、クマ除けの鈴を同行者のザックに取り付ける。一方、自らのザックには、昨今虫除けに効果があるという「オニヤンマくん」を装着。クマより虫が嫌いらしい。

　大尽山へ至る登山口まで、湖を横目に平坦な道を進んでいく。「森がとにかく美しい」。手つかずの原生林は、適度に木漏れ日が差し、柔らかな緑の光に満ちている。荒涼とした霊場から一変した様相に類さんも驚く。

　水辺に近いため足元は湿り、注意を要する場所もあるが、そこにはミズバショウが顔を出す。花はないが大きく育った葉が目を引く。ただし一部不自然に切り取られたような跡も。「クマの大好物らしいですよ」と、類さんがいらぬ不安を同行者に与える。とはいえこの森には、特別天然記念物のニホンカモシカも生息するほど、豊かな自然が残っている。

　湖畔を歩くこと一時間。大尽山への道標が見えたら、いよいよ登りが始まる。「なんとなく森の様子が変わってきましたね」。周囲を見渡せば、濃い茶色の樹皮に覆われた、たくましいヒバが林立する。ヒバはその木目の美しさで幅広く利用されてきたため、今では希少な存在。直径70cmになるには３００年かかると言われ、大尽山の天然ヒバ林もまた極めて珍しい。

　その根元にショウキランが花を咲かせる。「こういうご褒美もあるんですね」。小さな花がクマからの緊張感を

宇曽利湖を周回するように整備されている遊歩道

ここでみつけた

ショウキラン

比較的日当たりの悪い場所に咲く多年草。魔除けの神・鍾馗が烏帽子を被った形に似ることが由来。

ヒバとブナの混交林の中を進む。ヒバは大きいもので樹高30mにもなる

昔の登山者がナタで文字を刻んだ鉈目(現在は違法)

解きほぐしてくれたようだ。

標高が上がるにつれ、周囲の森はブナが増していく。すると類さんが一本の木の前で足を止めた。目を凝らすと「大正三…登山記念」と刻まれている。これは鉈目《なため》と言われ、元来マタギが道に迷わないための目印とした。しかし登山記念とはいただけない。類さんもどこか納得いかないようだ。

一体地蔵〜山頂

絶景で開眼させられる娯楽だった霊場の歴史

森の中に点在する鉈目が刻まれた大木を眺める

出発から3時間で一体地蔵と呼ばれる祠《ほこら》がある、開けた場所に出た。別の道と交わる分岐点だ。地元ガイドによると、もう一方の道はかつての参拝道。その昔、地元の人は朝から恐山を目指してこの道を歩き、祈禱後は温泉と盆踊りを存分に満喫したという。現在と異なり、恐山参りは小さな旅で娯楽。つまり一種のレジャースポットだったという。先の鉈目もその行楽の至りと考えられる。「当時の人にとって、恐山はパラダイスのような場所だったのですね」と類さんも目から鱗だ。

一体地蔵は休憩地にも適した場所。ここで一息つき山頂に向かう。ただしここからは、ロープが張られた急登など、さらなる難所が待ち受ける。疲れが見える同行者を励まし、上を目指す。

「見て下さい、この陸奥湾《むつわん》。これですよパラダイスは！」と頂で声を上げる類さん。ここから見る宇曽利湖はかわいいハート形。恐山のイメージが再び一変した瞬間だった。

Column

恐るるに足りず!? 恐山のもうひとつの語源

地獄巡りやイタコの口寄せなど「恐山」と聞けば、その字面からして何やら恐ろしい印象を受けがち。ところが藩政時代には「宇曽利山」と書かれていたという。「ウソリ」はアイヌ語で「入江」などを指す「ウショロ」が由来。それがさらに転じて「オソレ」になった説もある。また恐山を印象づけるイタコの口寄せが、大祭時に盛んに行われるようになったのも昭和から。比較的近年の動向であることを付け加えておく。

陸奥湾を隔てて岩木山や八甲田山まで見渡せる山頂

類さんの一句

ブナ太《ふと》し青葉《あおば》青葉《あおば》ののしかかる

青葉＝夏の季語。
句意：大尽山山頂近くの見事なブナ林が句作テーマ。樹齢200〜300年のブナの巨木が間隔を置いて伸びている。ブナの巨木たちは、青葉に覆われた天蓋を押し上げる巨人たちのよう。ブナの世界自然遺産（白神山地）をもつ青森ならではの光景だ。

標高が上がるごとに類さんの大好きなブナの森が濃くなっていく

大尽山へのアクセス

今回のスタート地点となる恐山菩提寺へは、公共交通機関の場合、JR下北駅前から、バス「恐山」行き乗車。（冬季運休あり）
車の場合、むつ市中心部から県道4号を車で約30分。（冬季通行止めあり）

類'sインプレッション

登ってみて、まさかあのような展開、あのような風景があるとは思っていませんでした。恐山のイメージが地獄から天国へと変わりましたね。また巨木だけが残る成熟したブナの森にも目を奪われました。

下山の後のお楽しみ
〜貝焼き〜

古くからホタテの産地である青森のソウルフード。大型のホタテの貝殻を鍋代わりとして、ホタテや地元食材、だし汁、味噌、溶き卵を加えて焼く。具材から出る磯の香りと香ばしい味噌の風味、ほのかに甘い卵が、ご飯のお供や酒肴に最適。今回は本州最北の酒蔵・**関乃井酒造**の定番**「関乃井」**と合わせる。ほとんど地元だけで消費される希少な酒だ。

店舗名	居酒屋 三宝
住所	青森県むつ市田名部町1-11
TEL	0175-22-1018

親交のあるロックバンド・GLAYがライブを行ったことで知られる火口原

北海道

恵《え》山《さん》

函館の礎を築いた豪商ゆかりの霊山

海上からも噴煙を上げる姿を確認できる活火山・恵山。江戸時代後期、函館を拠点に海上交易で富を築いた豪商・高田屋嘉兵衛も、航海の安全をこの山で祈願した。ここでしか出合えない不思議な光景の数々に、人間では制御できない、果てしない地球のパワーを感じずにはいられない。

緑の草原と岩や石仏のコントラストが特徴的な賽の河原

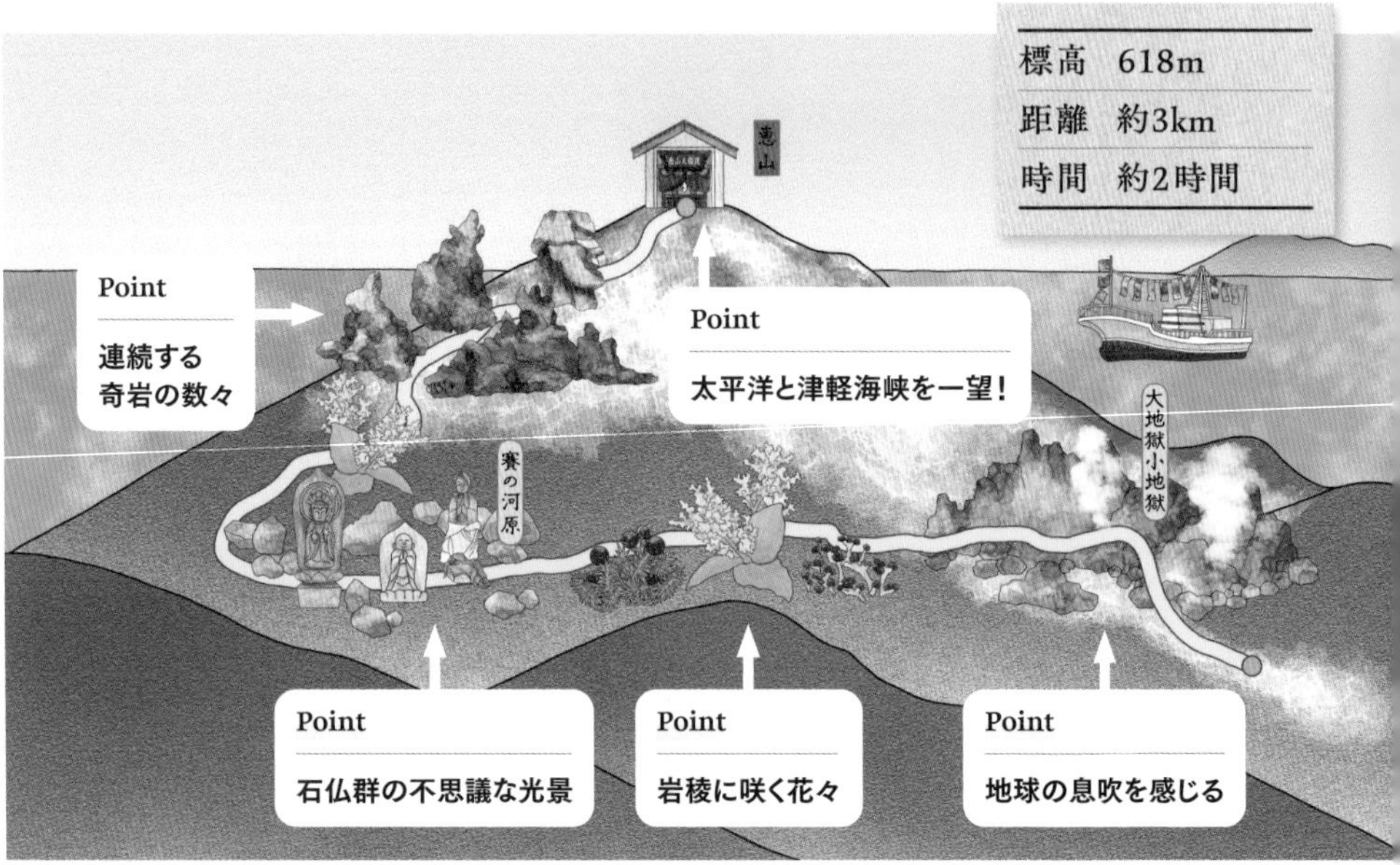

右／大地獄小地獄周辺では可愛いエゾジカ親子のお出迎え　中／火山性の土壌でも育つウラジロタデの雄株。雌株は赤紫の萼をつける　左／賽の河原にある高田屋嘉兵衛が建立した十一面観音像

溶岩の造形美に花と紅葉が映える道南エリアの名低山

渡島《おしま》半島の南東部にあり、海に突き出るように聳える活火山。初夏のツツジなどに加え、火山性の土壌に耐える花々が咲き、秋になると一面の紅葉に覆われる。標高約３００ｍの火口原駐車場から山頂までは、寄り道しなければ約1時間と手軽に登頂できるため、道南エリアでは人気の低山。今回は噴煙を間近に感じられる大地獄小地獄を経由し、その後、山頂を目指す権現堂登山コースへ進む。石仏が並ぶ賽の河原や山頂にある神社から、信仰の山でもあった理由も探る。

「道の駅なとわ・えさん」からもその姿を確認できる

火口原駐車場〜賽の河原

緑の草原と荒涼たる溶岩の火口原をゆく

「これはもう地獄谷だね！」。登山口の駐車場から歩きだしてすぐ、迫りくるその荒々しい山容を目の当たりにして、類さんも驚きを隠せない。恵山は活火山ゆえ海からの風に乗って、硫黄の臭いも鼻を突く。

緑広がる登山口から一歩入ると草木のない岩場が続く

歩きだして20分ほどで辿り着くのが、約180年前に水蒸気爆発を起こした爆裂火口・大地獄小地獄。足元から蒸気を上げる噴気孔近くの石には、硫黄の黄色い結晶が付着している。「熱い！」と石に触れた同行者も叫ぶ。

火山の荒涼とした世界でも、生命を感じることができる。岩陰に小さな赤い花をつけるのはイオウゴケ。「マリリン・モンローの唇に見立てて、別名モンローリップと呼ばれるみたいです」と類さん。雄々しい岩稜と往年の大女優とのギャップがユニークだ。

さらに進めば賽の河原。広大な緑の草原に、石仏が30体以上も点在する異様な光景が広がる。ここが霊場としての横顔を持っていることがよく分かる。

恵山は海からもよく見え、古くから船乗りたちの目印となり、海上安全の守り神とされてきた。さらにその地位を高めたのは、幕末の豪商・高田屋嘉兵衛。恵山沖で遭難したものの、一命をとりとめ、ここに十一面観音像を建てた。200年経った今もそれが残る。

Column

恐山にも並ぶ霊場となったのは、豪商・高田屋嘉兵衛のおかげ!?

幕末、函館を拠点に蝦夷地との交易で富を得た豪商・高田屋嘉兵衛。1809（文化６）年、択捉島へ向かう途中、潮流が激しい恵山沖で遭難するも奇跡的に生還。それを契機に、ここに十一面観音像を建立した。北方発展の立役者が恵山を崇めたことから、以来、下北半島・恐山と並ぶ霊場として人々から ますます崇められるようになった。

ここでみえる

イオウゴケ

亜寒帯の硫黄地帯を好む地衣類。高さ約2cm。先端の赤い形から別名モンローリップと呼ばれる。

賽の河原～山頂

想像力を刺激する奇岩と頂にある守り神

日本離れした雄大な風景をバックに登っていく

低山といえども山頂近くになると、急登が現れるのはほぼ毎度のこと。しかも賽の河原から先のそれは、一部で落石の危険もあると聞き、緊張が走る。そんな中でも「ウサギが登ってきている！」と得意の想像力を働かせて、奇岩を動物やロボットに見立て、現場の空気をほぐす類さん。「いろんなシルエットが現れて飽きないですね！」との類さんの言葉通り、溶岩が侵食されて創り出した造形が楽しめるのも、この山の醍醐味でもある。

岩場が続いた約1時間の急登をこなし、なだらかな稜線へと出れば、山頂まであとわずか。

「リリリーン！」。頂上の標柱に掲げられたベルを類さんが振る。太平洋と津軽海峡が見渡せる切り立った断崖から風が吹き上がる。かすかに南に見えるのは恐山。恵山がそこと並ぶ霊場だったさらなる理由は、山頂にある恵山大権現を通じて知ることになる。

Column

三柱の神を祀る頂の社

恵山大権現の創建は、700年前とも言われる。海の神・金毘羅大権現、火の神・秋葉大権現、そして戦の神・将軍地蔵尊が祀られている。海上安全や防火に加え、古くはアイヌ、近世ではロシアとの衝突もあり、北方の最前線の守り神として、厚く信仰されてきた。

落石の危険があるためヘルメットを着用し、奇岩群の間を抜ける

類さんの一句

風《かぜ》死《し》して
奇《き》岩《がん》ぶつぶつ
独《ひと》り言《ご》つ

風死して＝夏の季語。風が止むこと。
句意：恵山の奇岩に圧倒されながらの登山だった。風がないところは炎熱地獄に近いが、高田屋嘉兵衛の建立した石仏もあって仏教的雰囲気も濃い。様々な形をした奇岩も動き出しそうに思える。「風死す」の季語が風景にぴったりとくる。奇岩が「ぶつぶつ（仏仏）」と語り始めても不思議はない。シュールな光景を句作ヒントにした一句。

溶岩がウサギの横顔のように見えるウサギ岩のほか、ロボットやロウソクに見える奇岩がある

恵山へのアクセス

登山口となる火口原駐車場へは、公共交通機関の場合、函館バスセンターまたはJR函館駅から函館バスを利用して「恵山登山口」バス停下車、徒歩約60分。

車の場合、函館市中心部から国道278号、道道635号、恵山登山道路経由で約60分。恵山登山道路は時間や季節により通行規制あり。

類'sインプレッション

北海道民が誇れる山ですね。山頂から見る絶景だけでなく、信仰の歴史にも触れることができました。恵山大権現では、香川の金毘羅さんと僕の故郷の守り神である秋葉神社に出会えたことにも驚きました。

下山の後のお楽しみ
〜ホッケの開き〜

恵山近海は海の難所として、昔から漁師たちに恐れられてきた一方で、脂がたっぷりのった魚介類の宝庫。その代表格がホッケ。干物にすることで旨味が凝縮され、ほどよい食感も生まれる。合わせるのは、**箱館醸蔵「箱館物語 純米」**。道南産の米を使って醸し、しっかりとした酸味と米の旨味が引き立つ、食中酒に最適な辛口の味わいだ。

店舗名	魚河岸酒場 魚一心 はこだて
住所	北海道函館市松風町3-11
TEL	0138-26-0457

北海道
イワオヌプリ

人気スキー場の知られざる歴史

スキーリゾート・ニセコ連峰の一部をなすイワオヌプリ。パウダースノーに覆われる冬と異なり、夏の雪解けとともに、可憐な花々と日本の近代化を支えた産業遺産が姿を現す。それはリゾート地の礎となった歴史物語の一部だ。

登山口近くの大谷地湿原で見られるタチギボウシ

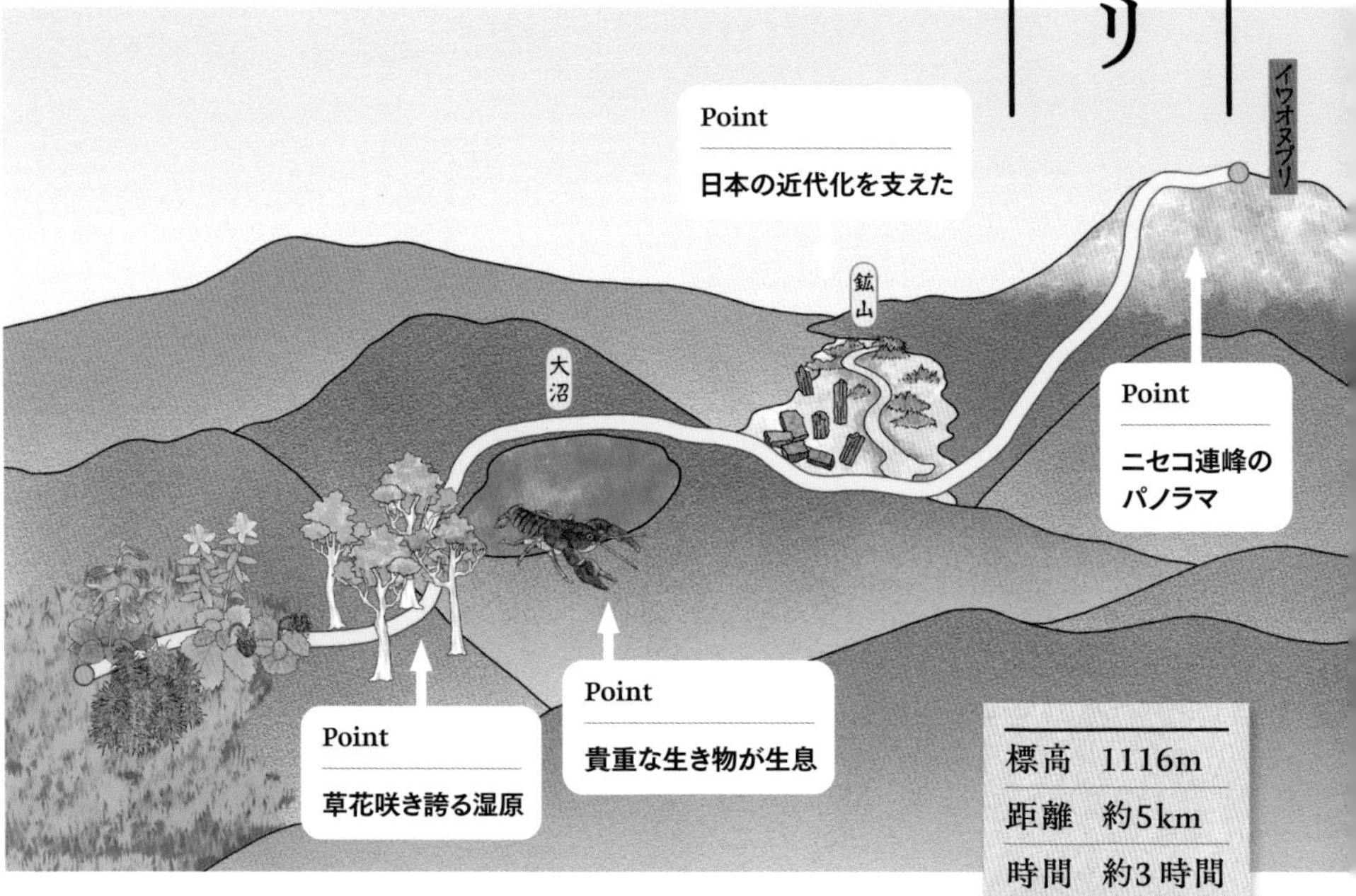

標高	1116m
距離	約5km
時間	約3時間

湿原を彩る花々や歴史遺産を巡る冬とは異なる魅力

雪質の良さから、冬には海外からの観光客も含め、約１５０万人が訪れるニセコ。そのスキーリゾートの中心となるニセコアンヌプリの北西に位置するのがイワオヌプリ。登山シーズンになると、多くの湖沼や湿原が姿を表し、高山植物の楽園となる。一般的な登山コースは南斜面の五色温泉からだが、今回は西側にある湿原・大谷地《おおやち》から入り、大沼を経る変化に富んだコースを取る。その山名の由来となった近代化遺産とリゾート開発の関係性も探っていく。

ニセコ・神仙沼自然休養林駐車場～硫黄鉱山跡

本格的な登りの前に花と希少生物との戯れ

登山口に立つ類さんの目の前に展開するのは緑濃い湿原・大谷地。ここは氷河期の生き残りフサスギナの群生地で知られるが、それ以外の花々も数多く愛でることができる。「低山に行くたびに花が好きになってきた」と常々語る類さん。フラットな木道歩きに加え、タチギボウシ、オトギリソウなど彩りを添える花との出合いにご満悦だ。

　湿原を抜けた先の森から道は徐々に上りとなり、1時間ほどで静かに水を湛えた大沼の畔《ほとり》に出た。「見つけた！」と、類さんが指差す水底に姿を見せたのがニホンザリガニ。アメリカザリガニとは異なり、体長5㎝にも満たないかわいい姿にしばし癒やされる。

　大沼からは道はササで覆われ、しかもアップダウンが続く。ほどなくして、草木の生えないザレ場が現れた。しかしよく目を凝らせば、足元には耐火レンガや石垣らしき痕跡がある。「ここは住居跡みたいですね…」と類さんが推測するように、ここは昭和初期まで硫黄の製錬所などがあった場所。イワオヌプリとはアイヌ語でまさに「イワオ（硫黄）ヌプリ（山）」を意味する。硫黄は石鹸やマッチの原料として、殖産興業を推し進めた、かつての日本になくてはならない存在だった。

エゾサンショウウオも棲むという大沼の畔にて

ここでみえる

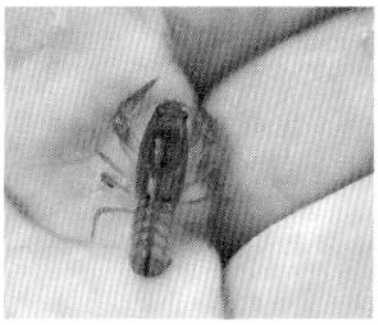

ニホンザリガニ

日本に生息するザリガニで唯一の在来種。北海道と北東北に生息し、絶滅危惧II類に指定。

Column

イワオヌプリが生んだ近代日本の主力製品

イワオヌプリの中腹には、江戸末期を起源に、明治から昭和初期にかけて栄えた硫黄鉱山があった。明治前期に日本の主要輸出品となったのがマッチ。その原料である硫黄等を運搬するため、倶知安駅から鉱山まで索道も整備された。最盛期は約200人がここで暮らした。1937（昭和12）年に閉山したが、周辺地域の発展にも寄与した。

硫黄鉱山跡〜山頂

ダイナミックな起伏を見せるニセコの山々に息をのむ

白濁した川の片隅からは、ブクブクと硫黄を含んだ冷泉が今も湧き出る。どこか殺伐とした鉱山跡を、ほかの登山客はただ通過していく。鉱山が隆盛を極めたことで、倶知安《くっちゃん》などの周辺地域の開発も進んだことを知る人は少ない。スキーリゾート客に沸くニセコエリアだが、実は鉱山によるインフラ整備が原点となり、当時から現在まで、その恩恵を受けているのだ。

川の水は飲めないため、かつては大沼の水を馬で運んだ

この山の知られざる歴史に触れた後、気持ちを切り替え、再び山頂を目指す。ここから標高差200mの急峻な道。夏の北海道といえども暑さで汗が滲む。見晴らしのいい稜線に出ると爽やかな風が流れてきた。「いやいや、いい風だ！」と口にする類さんの表情は、登頂したように満足げだ。振り返れば深い森を隔てた先に、大沼の姿が浮かぶ。火山群であるニセコ連峰には、噴火口由来の池や沼が多数ある。起伏に富んだ地形と大小の湖沼がつくる景観は、開発の手が及んだとはいえ、北海道の自然の懐の深さを感じさせる。

平坦な火口原に出れば、正面に山頂が迫る。そのまま直登したくなるが、今回はぐるりと迂回し、まばらな灌木の中に岩が露出するガレ場の急斜面からアプローチする。

息が上がるガレ場を越え、木が全く絶えた月面のような斜面を登りきれば山頂だ。遮るものがないことが幸いして、眺望は格別。西にニセコ連峰や遥かに日本海が霞む。そして東に対峙するニセコアンヌプリが、雲の切れ間から一瞬だけ顔を出し、類さんを歓迎してくれた。

山頂直下の月面のような斜面を登っていく

Column

鉱山があったから スキー場が発展!?

1928（昭和3）年、「スポーツの宮様」秩父宮様がニセコでスキーを楽しんだことにより、一躍スキー場として名が広まった。この地を選んだのは、鉱山を開発するために、山へのアクセス道（道道66号の原点）が整備されていたからともいわれる。また索道の技術はリフトに転用され、スキー場発展の素地となった。

類さんの一句

ザリガニと 戯《ざ》れてヌプリを 仰《あお》ぎけり

ザリガニ＝夏の季語。

ヌプリ＝アイヌ語で「山」を意味する。

句意：かつて硫黄鉱山に働く人々の水源だった大沼。ニホンザリガニと戯れることしばし。沼の背後にはイワオヌプリが聳えていた。絶滅危惧種のニホンザリガニとイワオ（硫黄）ヌプリへのオマージュの一句。

標高850mの大沼では、条件さえ整えば「逆さイワオヌプリ」が水面に映る

イワオヌプリへのアクセス

登山口となるニセコ・神仙沼自然休養林駐車場へは、公共交通機関よりも車で向かうのが便利。倶知安町中心部から、国道5号から道道58号、66号を経由して約60分。

類'sインプレッション

厳しい環境の硫黄鉱山で、逞しく生きていく人たちのチャレンジ精神が、スキー場発展の歴史にも結びついたのかもしれませんね。この大自然が北海道の人たちの精神的なバックボーンになっていると感じました。

下山の後のお楽しみ
～じゃがいもとチーズ塩辛～

明治末期から栽培が始まった倶知安のジャガイモ。なかでも町内の作付面積で約8割を占めるのが男爵イモ。でんぷん質が多くホクホクした食感が特徴だ。熱々の男爵イモにイカの塩辛をのせるのが、北海道流の楽しみ方。こちらではさらにチーズをプラスして香ばしさと濃厚さをプラス。酒は**二世古酒造の特別純米酒「二世古」**。期間限定のしぼりたて生酒ならではのフレッシュな味わい。

店舗名	居酒屋 二代目 サムライ
住所	北海道虻田郡倶知安町北2条西2-23-1
TEL	0136-23-1712

エリア 二

関東

御岳山頂にほど近い長尾茶屋で「締めの一杯」のワインを味わう

東京都

大岳山

徳川家康も大いに崇めた修験の山

小さく尖った山容を東京都心からも確認できる大岳山。その存在感で古くから信仰の対象となった。江戸時代になると、まちづくりに欠かせない山の恵に目をつけて、徳川家の将軍はこの山をとりわけ崇めた。信仰と歴史、そして大都会・東京とは思えない深い自然を訪ねる。

苔むした岩が連なるロックガーデンを登っていく

標高	1266m
距離	約5km
時間	約3時間

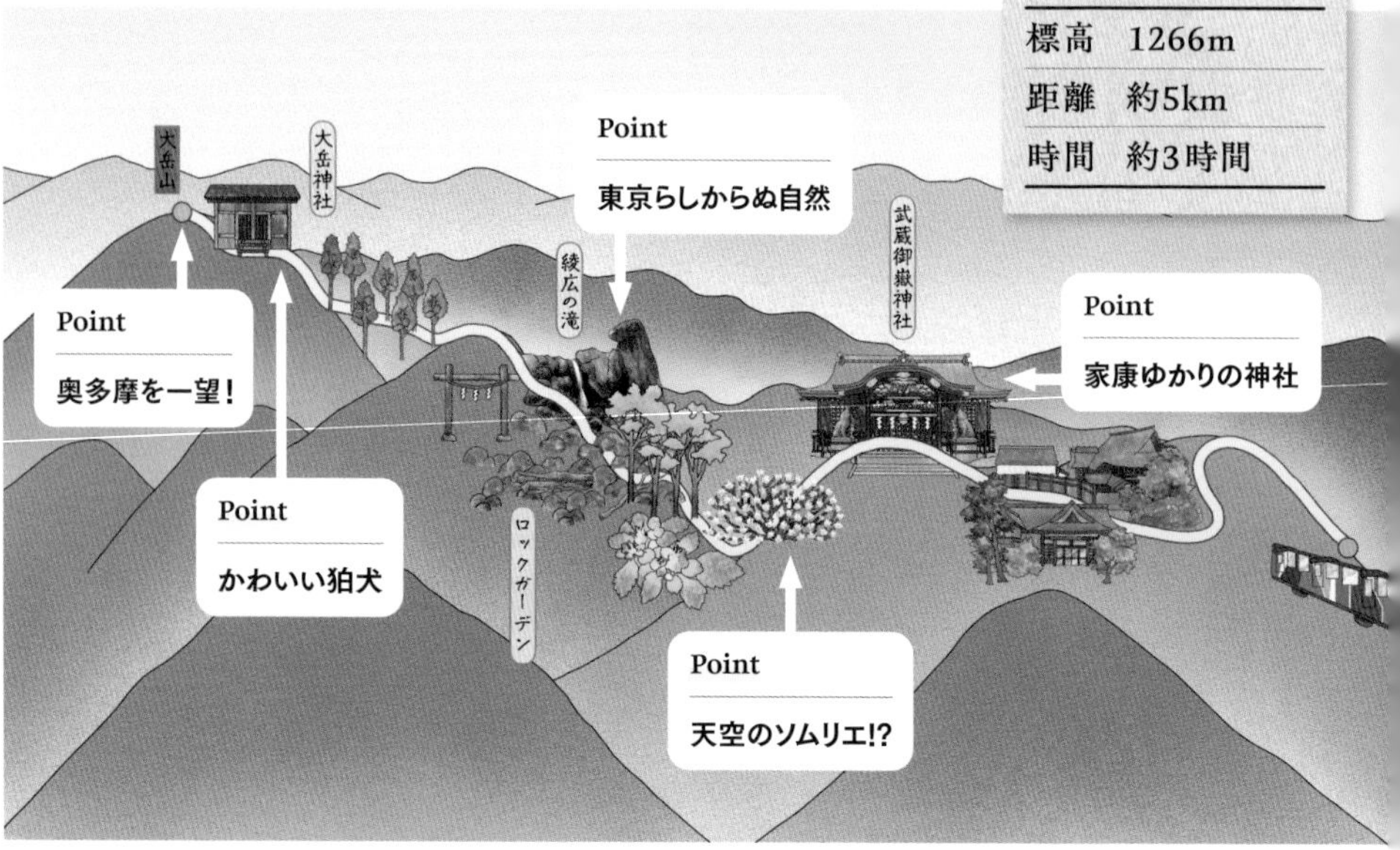

右／ケーブルカーに意気揚々と乗り込む類さん　中／武蔵御嶽神社の裏手に鎮座する葵の御紋が入ったお社
左／山頂直下の大岳神社は薄暗い森の中にある

花、滝、岩登りなど楽しみ方も多彩な奥多摩エリアの代表峰

東京の西部・奥多摩エリアに座する人気の山。御前山《ごぜんやま》、三頭山《みとうさん》と並ぶ、奥多摩三山のひとつで、日本二百名山、花の百名山にも選ばれるほど魅力が多い。アプローチは、北東に位置する御岳山からの登山道を進むのが一般的。御岳山まではケーブルカーが利用でき、初心者でも比較的容易に頂を目指せる。今回は、徳川家康ゆかりの武蔵御嶽《むさしみたけ》神社から少し寄り道をして、修験場だった滝やロックガーデンを経由し、奥多摩の山々や丹沢山塊を望む山頂を目指す。

その特徴的な山容が都内からも確認できる

滝本駅〜武蔵御嶽神社

御岳山山頂から遥か東京の街並みを望む

鍛錬のためか、あるいは必要に迫られてか、アトリエへ続く１５０段あまりの階段を毎日上り下りする類さん。それゆえ足腰には自信があれども、ケーブルカーで楽に高度を稼げると聞けば、思わずにんまり。「今回は楽勝かもね」と高を括るが、おいそれといかぬのがこの百低山の常。

ひとまずケーブルカー御岳山《みたけさん》駅前で同行者と合流し、御岳山山頂にある武蔵御嶽神社へと向かう。道中の土産物店や宿坊の多さから、ここへ詣でる参拝客もまた多いことがわかる。

境内で出迎えたのが、筋骨隆々の脚を持つ勇ましい狛犬。これは同社の守り神「おいぬ様」として信仰を集めるニホンオオカミだ。この山を舞台にしたヤマトタケルと白狼の伝説に加え、畑を荒らす害獣を追い払う存在として、昔から崇拝されてきた。

今回の山行の無事を祈り、拝殿の裏へ回ると、葵の御紋があしらわれたお宮が鎮座する。実は徳川家康以降、将軍家から厚く信仰されてきた同社。その理由のひとつが、この奥に広がる森から生み出される木材・木炭・石灰。これらは江戸のまちづくりに欠かせない資材だった。家康は、古くからあったこの神社の社殿を新たに造り替えるほど、ここを江戸の守り神として強固な存在にする狙いがあった。

「いろいろと、この山の重要性が見えてきましたね」と感心する類さん。これから本格的に山へ入ることで、家康がこの地を大切にした理由が、さらに明らかとなる。

高低差423mをわずか6分で登る御岳登山鉄道のケーブルカー

Column

武蔵御嶽神社

崇神天皇創建と伝わる。実在する最古の記録としては736（天平8）年まで遡り、その頃から修験道や山岳信仰の地として知られ、戦国時代には関東の修験の中心地となった。1606（慶長11）年、徳川家康の命により改築され、鎌倉側に向いていた社殿を江戸向きにする。現在の拝殿等は5代将軍綱吉が造営させたもの。江戸時代中期から庶民の「社寺詣で」が盛んになり、御嶽信仰は関東一円に広がった。

拝殿前に建つニホンオオカミをかたどった勇ましい狛犬

邪念を振り払い、自然の美しさと厳しさに触れる回り道

武蔵御嶽神社の参道から外れ、大岳山方面へと進むと、道は未舗装となり、登山道らしさが増す。ほどなくすれば分岐点の長尾平《ながおだいら》。そこにあるは類さん行きつけの長尾茶屋。「今日はここでワインをいただこうかと」と本格的な登山開始からわずか10分で、すでに類さんの頭の中を満たしているのは、シメの一杯。「山の茶屋でワインですか⁉洒落ていますね！」と負けず劣らず酒好きである同行者の声も弾む。幸か不幸か、この時点ではまだ閉店中につき、飲みたい気持ちをぐっと堪えているのは、二人の背中から伝わる。

長尾平から続くスギ林の下りは足元に注意が必要

　長尾平の分岐から右へ進めばスムーズに大岳山へ向かえる。しかし今回は左に進路を取り、２つの滝とロックガーデンを経由して頂を目指す。

「それにしても下りますね…」。同行者が不安を口にするのも当然。長尾平からは急な下り。スムーズなコースを行けば良いものの、百低山ロケではより深く山の魅力を伝えるため、このような回り道のコース取りがままある。つまり標高差約２００ｍを下るということは、後でその分を登らないといけない。先を案じてか、はたまた足元に集中しているのか、二人の口数は少なくなる。

「ここは天国じゃ〜って感じだね！」。下りきった先で類さんのテンションが急上昇。眼の前に広がるのは、苔むした奇岩と渓流による天然の造形美が約１km続くロックガーデン。さらにせせらぎに導かれるように進めば、落差５ｍながら豊富な水量を誇る七代《ななよ》の滝。足元にはネコノメソウが花をつける。

ここでみつけた

ネコノメソウ

ロックガーデンなどで春を告げる花。他にも春から夏の間、大岳山では約650種類の花が見られる。

今も禊の儀式が行われる綾広の滝。宿坊などで申し込めば、一般の人も滝行体験ができる

ロックガーデンの最深部には、落差約10ｍの綾広の滝が姿を現す。滝壺に鳥居が据えられているのは、ここが修験道の禊の場として使われている証。その厳粛な様相から、古《いにしえ》より関東有数の山岳修行の地だったことを、身をもって実感できる。

　実はここから山頂まで急登が続く。その厳しさは、まさに修行のごとく。

スギやヒノキの森が続く登山道を行く

綾広の滝～山頂

頂を目指し、森の中で六根清浄を叫ぶ

急登の滑りやすい階段や鎖場に緊張も高まる。二人の息も上がりがちだ。不意に同行者を励ますように類さんが「六根清浄！　六根清浄！」と叫び始めた。これは修験者の掛け声のひとつで、人間の五感と意識の根幹を清らかにする意味がある。お酒への執着は棚に上げ、声を上げる類さんに、同行者も戸惑いながらも渋々と付き合う。

　ロックガーデンから登ること約1時間。暗い森の中にある大嶽神社に辿り着く。その実、ここも徳川家が代々保護していた。「徳川家が人心掌握するための信仰の聖地だったということですね」。徳川家にとっての大岳山がいかに重要だったかを理解した類さん。

　ここから山頂までは高低差130mのさらなる急登。「もうね、オオカミ登りよ。わぉ～ん！」とオオカミに憑かれた類さんが、同行者も顧みず猛然と駆け上がる。

　山頂は一転して晴れ渡り、明るい春の光の先に奥多摩の山々が広がっていた。

大嶽神社にあるかわいいオオカミの狛犬を撫でる類さん

Column

修験者たちのパワーに将軍も頼るしかなかった!?

山頂直下にある大嶽神社は、家康以来、徳川家から代々大切に保護されてきた。三代家光の朱印状も現在に残り、十五石の社領を与えていた。その狙いは、関ケ原の戦い以降に徳川家に従った外様大名への牽制。当時、修験道の聖地であった大岳山の修験者は、特に呪術力や祈禱力を持つとされていた。そこでまだ本当に味方になったか分からない外様大名が、裏切って江戸に攻め上がらないように、祈禱させていたという記録も残っている。

山頂からは奥多摩の山々や遠くは丹沢山塊も望める

類さんの一句

山《やま》尊《とうと》し
残る桜の
ワインかな

残る桜＝春の季語。

満開を過ぎて残った桜。

句意：山岳信仰の山である御岳山、大岳山の謂れを知って感慨深い。それをスペイン産の赤ワインで味わう至福。しかもワインのラベルは日本の桜。このラベルのアップのカットがあっても良いのでは、と思うほど今回の山行にふさわしい絶品の味でした。番組では「引きのラストカット（P.24）に俳句を添えたい」という担当ディレクターの要望が。そこで一句…。

長尾茶屋の前にあるサクラの大木。4月上旬、かろうじて花が残っていた

大岳山へのアクセス

御岳山ケーブルカー滝本駅へは、公共交通機関の場合、JR御嶽駅から西東京バスを利用し「ケーブル下」バス停下車、徒歩2分。あるいはJR御嶽駅から徒歩で約45分。

車の場合、圏央道日の出ICから国道411号、都道45号、201号経由で約30分。

類'sインプレッション

大河ドラマでも話題になった徳川家康が、これほどまで深く、この大岳山に関わりを持っていた理由が分かりました。家康が並々ならぬ苦労で江戸を造り上げ、守り抜こうとした懐の深さが、この山の奥深さにも匹敵する印象を受けました。

下山の後のお楽しみ
～ファン・ヒル　クアトロ・メセス　サクラ～

今回は趣向を変えて、類さん行きつけの茶屋でスペインワインを味わう。「天空のソムリエ」の異名を持つオーナーがおすすめするのは、日本限定発売の**「ファン・ヒル　クアトロ・メセス　サクラ」**。スペイン・フミーリャ地方を代表するワイナリーの一本で、凝縮した果実感と上質な酸味で親しみやすい味わい。酒肴の生ハムにもよく合う。

店舗名	長尾茶屋
住所	東京都青梅市長尾平
TEL	0482-74-9467

埼玉県

武《ぶ》甲《こう》山《さん》

山容は変われど 秩父に愛される山

秩父の人々にとってかけがえのない存在。採掘により大きく削り取られ、姿形を変えたとしても、地域に恵みをもたらす山には変わらない。また神の座する山としても信仰されてきた。この山が物心ともに支えとなった理由を尋ね行く。

山頂から持ち帰った石灰岩を積んだ二十八丁目の石積場

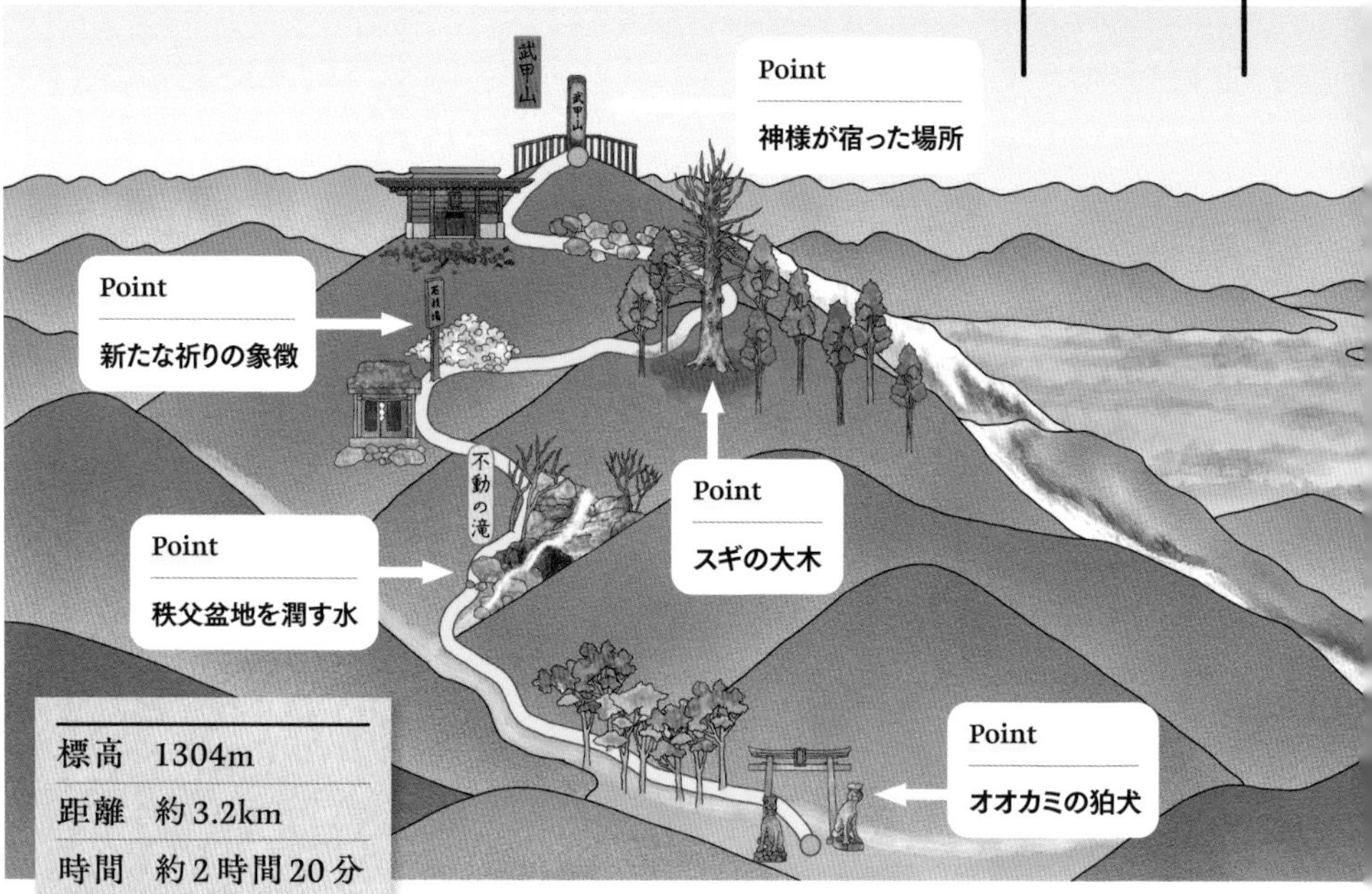

標高	1304m
距離	約 3.2km
時間	約 2 時間 20 分

変化する様を 秩父人が心に刻む 偉大なる独立峰

秩父盆地の南側にあり、秩父市内のどこからでも姿を目にすることができる山。石灰岩質の北斜面は、採掘により大きく削られた姿が痛々しい。それでもその存在感と自然の魅力で日本二百名山に選ばれる。セメント工場群を抜けて南斜面にのびる登山道は、山頂にある武甲山御嶽神社の表参道。近代日本の産業の礎を築いただけでなく、古くから信仰の対象であった側面を目にして、自然保護と産業振興、そして信仰の共存に思いを巡らす。

登山口〜石積場

豪華絢爛なる秩父夜祭の源流を垣間見る

京都の祇園祭、飛騨の高山祭と並び日本曳山《ひきやま》三大祭に数えられる秩父夜祭。ちょうど登山前日がその大祭。足を運んだ類さんも、きらびやかな曳山と溢れかえる熱気に、秩父の人の祭に対する熱い思いを感じたようだ。

道中にはケルン（道標）とは趣の異なる積石が数多くある

翌日、登山口への道中、車窓に映る武甲山が徐々に迫る。削り取られた北斜面の麓には工場群が並び、石灰岩の砂埃が舞う。気分が萎えてしまうが、埃っぽさも登山口まで来れば収まる。

御嶽神社の一の鳥居が登山口。その両脇にはオオカミの狛犬が迎える。「ここもオオカミ信仰が残っているんですね」。以前登った大岳山で出会ったおいぬ様信仰がここ秩父にもある。その一の鳥居が一丁目。その後、二丁目、三丁目と小刻みに標柱が立つ。果たして何丁目まであるのやら。

十四丁目からは本格的な登り。ほどなくしてある十八丁目の不動滝は、秩父盆地を潤す横瀬川の源流にあたる。そばに建つ祠が、この山が水の恵みをもたらす神様としても崇められていることを教えてくれる。

滝壺近くにあるのは、山頂のトイレ用水に使うためのペットボトル。登山客が厚意で水を運ぶ仕組みだ。類さんも２Ｌボトルをザックに入れた。

ここでみえる

不動滝

落差35m、4段になって流れ落ちる不動滝。日照りでも枯れず秩父盆地を潤してきた。

Column

豊穣に感謝する祭は年に一度の逢瀬!?

300年以上続く秩父夜祭には、地元で語られる伝説が残る。武甲山に対面してある秩父神社。ここの女神（妙見様）と武甲山の男神（龍神様）は相思相愛だった。しかし龍神様には正室（諏訪様）がいて、毎日会うことができない。唯一夜祭の時だけ会うことが許されたという。大祭は豊穣に感謝して龍神様を武甲山へ送る神事でもある。

石積場～山頂

秩父盆地を一望し、山の尊さを再認識する

三十三丁目にある杉の巨木の周りは休憩するのにも最適

小石が積まれた岩が現れる。さらに倒木にもずらりと小石が置かれ「現代アートみたいだけど、それだけじゃないみたいだね」と思案する類さん。その先の二十八丁目で、小石が山になった不思議な場所に出くわした。よく見れば小石には願い事が書いてある。

かつて武甲山の山頂には、巨大な石灰岩がいくつも横たわっていた。その岩は神様が宿る磐座《いわくら》として信仰されてきた。しかし1980（昭和55）年、採掘が進むとその岩も姿を消す。この石積は失われた磐座を今に伝えようと、3年前から始まった新しい試み。山頂の御嶽神社にある小石を、下山時にここへ置いていく。古人の磐座への思いが、今の世代に繋がっているようだ。

「うわーこれも大きい！」。スギ林を登ってきた類さんの目の前に、他を圧倒するスギの巨木が迫る。樹齢400年以上とも言われるこのスギは、先人によって植えられたという。「こういうスギは好きなんですよ」。人工植林が苦手な類さんも、これだけは畏敬の念を抱いたようだ。

足元に白い石灰岩が目立つようになってきたら、頂上が近い知らせ。スギの巨木から急登を登ること30分。五十二丁目にある御嶽神社に辿り着く。そしてここにもオオカミの狛犬。ヤマトタケルがこの山に兜を埋めた時、オオカミが案内したという伝説もある。

山頂広場のフェンスの真下は掘削地だが、目線を先にやれば、秩父が一望できる。その眺めから、この山を神と仰ぐ人々の思いが、少し理解できた。

山頂に近づくにつれ石灰岩が多くなる

Column

低くなったおかげで日本が成長した!?

武甲山の石灰岩採掘は1917（大正6）年からと言われる。東京に近いため、戦後の再開発でさらに採掘の規模が拡大し、ビルや高速道路に必要なセメントの原料となった。これまで掘られた石灰岩は約5億トンとも言われ、地場産業として秩父を潤してきた。その一方で武甲山は当時より30m以上も標高が低くなったという。

類さんの一句

山容の
武骨に座して
冬の空

冬の空＝冬の季語。
句意：秩父市民にとっての象徴たる武甲山。父なる存在であり、石灰岩が削り取られてあばら骨が剝き出した釈迦座像のよう。正面から見た武甲の痛々しくも神々しい山容が句作テーマ。

登山口途中にあるセメント工場群と武甲山を背にする類さん

武甲山へのアクセス

登山口の一の鳥居（生川登山口）へは、公共交通機関より車が便利。秩父市中心部から国道299号を飯能方面へ。途中「生川」方面へ右折し道なりを進む。「武甲山」の道標に従い現地。無料駐車場あり。

類'sインプレッション

石灰岩を採るためにえぐり取られてきた武甲山。それでも黙って耐えてきたのです。その証人のようなスギの大木との出会いもありました。山頂からの眺望の良さと山の歴史を思うと、涙が溢れそうになりました。

下山の後のお楽しみ
～豚みそ丼～

山で捕れた猪肉を味噌漬けにして保存した秩父の伝統食「猪肉味噌漬」をヒントにした、新しいソウルフード。香ばしく焼き上げた豚肉を、ご飯の上にたっぷりとトッピングした一品は、バランスの良い濃厚さでご飯が進む。お酒とも相性が良く、武甲山の伏流水で仕込んだ**「武甲正宗 純米生酒」**が、さらに豚肉の旨味を引き立てる。

店舗名	秩父の和食と豚みそ丼　ちんばた
住所	埼玉県秩父市大宮5919
TEL	0494-26-7004

埼玉県

子《ね》ノ《の》山《やま》

健脚の願いを込め 足腰守護の古刹へ

頂に建つ大《だい》鱗《りん》山《ざん》雲《うん》洞《どう》院《いん》天龍寺、またの名を子ノ権現。足腰の病や怪我の治癒に霊験あらたかなる神とされ、昔も今も参拝者が絶えない。健康、そしてさらなる健脚維持を願う類さんにとって、この山は申し分のないパワースポットに違いない。

境内の金色に輝く鉄わらじは、重さ2トンで日本一の大きさ

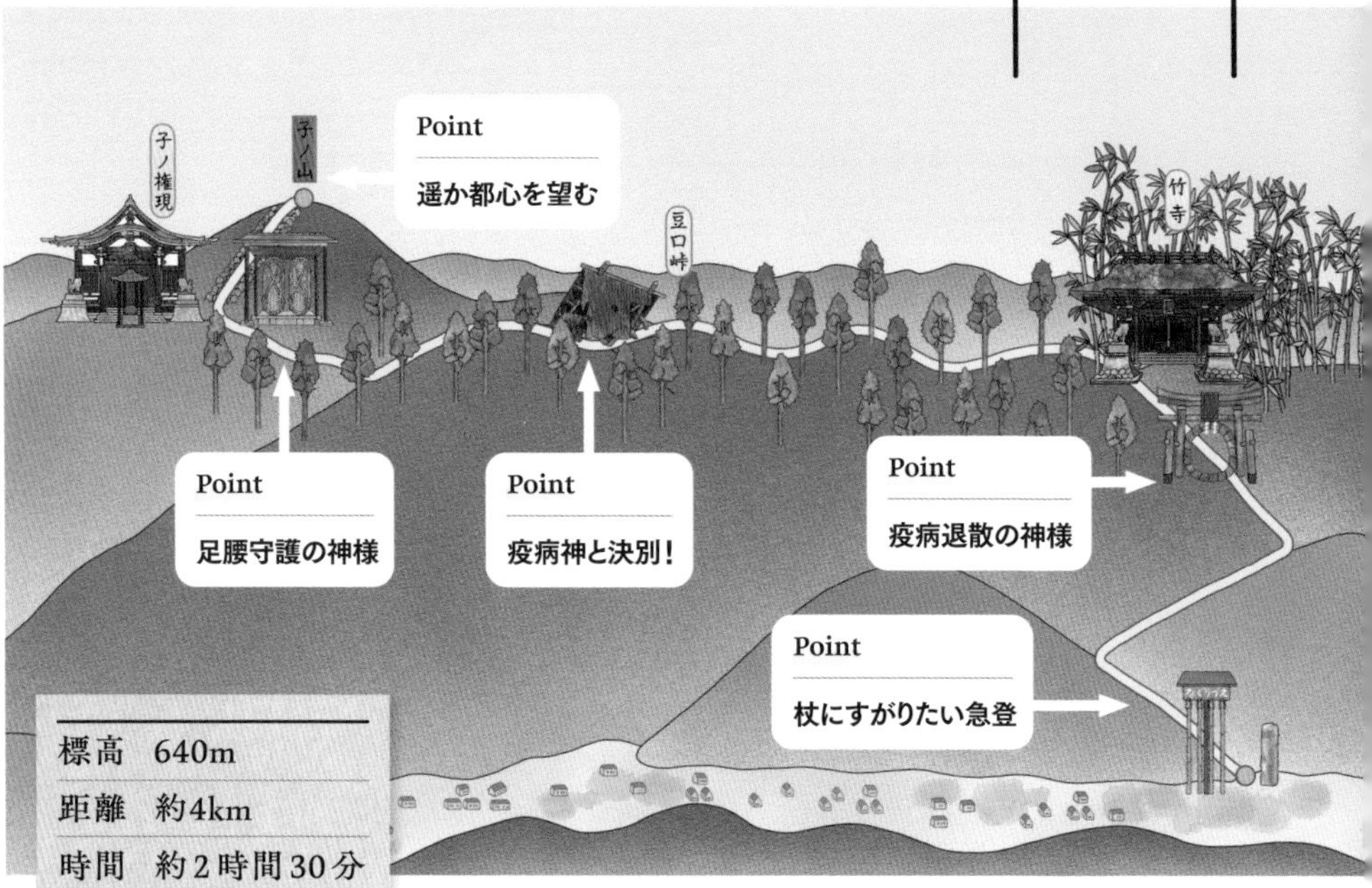

標高	640m
距離	約4km
時間	約2時間30分

健康を願う人々の思いを受け止める奥武蔵の歴史巡り

奥武蔵と呼ばれる埼玉県南西部の山岳地帯で人気の山のひとつ。境内に山頂がある子ノ権現は、古くは飛脚や人力車の車夫、今でも農林漁業従事者、スポーツ選手など、肉体が資本となる職業の人々から崇められている。また車で気軽に参拝することも可能。今回の登山コースの道中では、疫病退散にご利益がある竹寺や、神送りの儀式が伝わる峠など、健康を願ってきた人々の思いに触れられる。アップダウンが連続し、まさに健脚強化には最適かもしれない。

出鼻をくじく急登は神様からの試練

近頃、膝の痛みが気になる類さん。そのため膝関節に効果的なサプリを愛飲する。子ノ山が選ばれたのは、そんな類さんの足腰守護の意味もある。

　ところがスタートからハードな急登。これも神様の愛のムチなのか、類さんも「キツイよね」と苦笑い。

　そんななか、同行者から健康の秘訣を問われた類さん。「山に登って健康になる」と名言めいた答えで返すが、膝痛に加え、先日酔って背中を強打し、実は満身創痍なのは伏せてある。

　急登を越えると、暗い森から一転して明るい場所に出た。視界は開け、武甲山を筆頭に奥武蔵の山々が居並ぶ。

　再び森へと入り一旦下れば、茅葺《かやぶき》屋根が目を引く竹寺。境内にはフクジュソウが咲き、春の気配に包まれる。

　同院の本尊は疫病を防ぐ牛頭天王《ごずてんのう》。かつてここで薬の調合をしていたこともあり、医療が未発達の時代には疫病退散を願う参拝者が絶えなかった。

　竹寺から30分ほど歩くと、豆口峠の分岐に崩れ落ちた社が現れる。ここは神送りの場の跡。疫病が出た際には、ここまで村人が鐘などを鳴らし、駆け上がったと伝わる。その朽ちた社跡を見る類さんの真剣な横顔に、当時の人々の切実な思いは通じているようだ。

急登の登山道は木の根が張り出し、スムーズな足運びを遮る

ここでみえる

フクジュソウ

竹寺の境内の庭園では1〜3月にかけて、多くのフクジュソウが目を楽しませてくれる。

Column

寺院なのに鳥居もある健康のパワースポット

竹寺は、正しくは医王山薬寿院八王寺。本尊は疫病退散の神様・牛頭天王。神仏習合の神様でもある牛頭天王は、明治の神仏分離でほとんど姿を消した。同院は山奥ゆえに、信仰篤い人達により大切に守られたという。境内の鳥居には、茅で編んだ茅の輪が一年中かかり、くぐることで無病息災を願う。修験者が薬の調合に使った道具も残る。

豆口峠〜山頂

繰り返すアップダウンに健脚のありがたさを知る

豆口峠の分岐を上へのびる稜線に沿って進む。周囲は引き続きスギやヒノキの森。登ったと思えば下ることを余儀なくされ、尾根道とはいえ楽ではない。この道は、今でこそ「関東ふれあいの道」の自然歩道として親しまれているが、ルーツは平安時代に起こる修験道の修行をするために開かれた。「登って下りてお参りしたら、結果的には足腰が強くなっている、ということなんだろうけど…」。類さんもこの厳しいアップダウンに手を焼いている。

類さんが「タコの足」と表現した木の根が入り乱れた稜線の急登

ようやく試練を乗り越え、頂上直下にある地元ハイカーおすすめの展望台で一息つく。広がるのは、先程とは高度感の異なる奥武蔵の山並みの展開。「ここはすっぽり山脈に囲まれている。なかなか奥深いですよ」。この絶景も試練のあとのご褒美かもしれない。

山門や仁王像がある参道に入れば、山頂にある子ノ権現まであとわずか。同院のシンボルとも言える巨大な鉄のわらじが見えたら本堂だ。境内には数多くのわらじに加え、古い松葉杖なども奉納され、健康を願う人々の拠り所となっていたことがよく分かる。

鐘楼が建つ山頂を目がけて類さんが駆けだす。「治っちゃったよ！」。嘘か真か、類さんに早速ご利益があった様子。

息を整え山頂からの眺めを味わう。山並の先には広大な関東平野。目を凝らせば新宿の高層ビル群も浮かぶ。「イエイ！　イエイ！」。膝痛に即効性のある神様と出会え、類さんはいつも以上にご機嫌だ。

山頂の鐘楼で膝痛快癒？を祝して鐘を撞く

Column

足腰を守る神様は180歳まで生きた!?

創建は平安時代まで遡る子ノ権現天龍寺。その昔、修験者の子ノ聖が、この地で足腰を痛めるも、そのまま籠もり修業を続け、「もし同じく足腰が悪い人が誠の心で念じれば必ず救う」と言い残し180歳で世を去った。その後弟子の恵聖が、子ノ聖を神様として祀ったと伝わる。以来、足腰守護の神様として崇められている。

類さんの一句

うららかに 竹《たけ》酒《ざけ》傾《かし》ぐ 子《ね》ノ《の》麓《ふもと》

うららか＝春の季語。
句意：俳句寺とも呼ばれる竹寺の名物・精進料理が句作モチーフ。福寿草、寒桜、蠟梅などが花盛りのうららかな季節。竹林の傍にある竹寺の料亭でくつろぐ。竹の器にすっきりと美しく盛られた料理、そして長い竹筒を傾げて注がれる地酒をいただいた。料理膳の背景には、屋内を貫く何本もの太い竹が圧巻。竹尽くしのアート空間に捧げた一句。

竹寺は「奥武蔵俳句寺」とも呼ばれ、境内にはいくつかの句碑も並んでいる

子ノ山へのアクセス

登山口へは、公共交通機関の場合、西武飯能駅からバス「湯の沢」、「名栗車庫」、「名郷」行きのいずれかに乗車、「小殿」バス停下車。

車の場合、飯能市中心部からは県道70号、53号経由で現地。無料駐車場あり。

類'sインプレッション

いかに足腰が大事かということと、そのためにも健康を維持することの大切さを、当時の人は身をもって感じていたのでしょう。それがたぶん、山歩きに結びついたのではないでしょうか。奥武蔵の奥深さですね。

下山の後のお楽しみ ～山の天ぷら～

山菜や薬草を素材にした精進料理は、古くから民間薬膳として食されてきた。竹に囲まれた竹寺で味わうことで、竹にある「竹気」と呼ばれる気にも満たされる。この日はフキノトウの天ぷら。「お薬湯」として提供しているのは、竹筒に入った**地酒・五十嵐酒造「天覧山」**の温燗。竹の爽やかな香りとフキノトウの苦みが心地よい。

店舗名	竹寺
住所	埼玉県飯能市南704
TEL	042-977-0108

エリア 三

中部

登山口への途中にある大町山岳博物館から北アルプスを望む

長野県

大《おお》姥《ば》山《やま》

北アルプスの眺望と山姥伝説

３０００ｍ級の山が連なる北アルプスと対峙するようにある大姥山。その名の通り、山姥に加え、金太郎も登場する伝説を秘めた山。それは意外にも、親が子を思う愛情に満ちた物語。ただし道中は山姥が与えた試練のごとく、気の抜けない鎖場の連続。それを乗り越えた先にある絶景を求めて。

大姥神社奥宮は「大穴」と呼ばれる巨大な洞窟にある

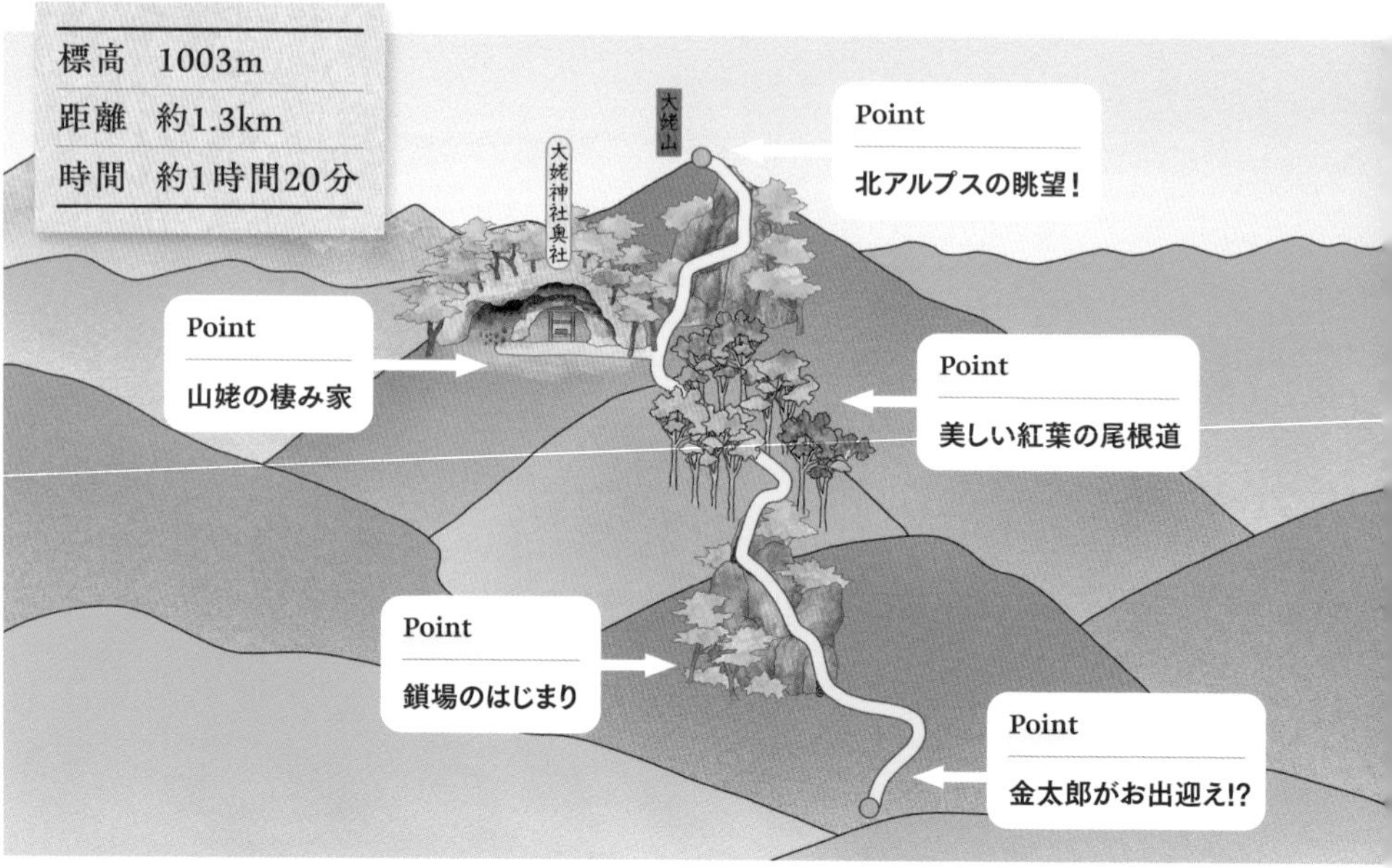

右／登山道では金太郎の道標が導いてくれる　中／山姥が金太郎の産湯に使ったという産池　左／国道19号沿いにある大姥神社前宮には大きな鎌のオブジェが奉納されている

山姥と金太郎親子が残した足跡を辿る信州の里山ハイク

北アルプスと志賀高原に挟まれた大町市の東に位置する大姥山。周辺には多くの山姥伝説が残り、大姥山への登山道の途中にも山姥を祀る大姥神社がある。また山姥が育てたという金太郎（坂田金時）の伝承から、金時山と呼ばれることもある。コースは大姥神社前宮から登山口となる大姥神社本宮へ向かい、奥宮を経由して北アルプスや里山風景を一望する山頂を目指す。鎖場が連続する厳しい道のりながら、美しい紅葉にも癒やされる緩急に富んだ山だ。

大姥山神社本宮までの道中に顔を見せる大姥山

大姥神社前宮～大姥神社本宮

信仰の対象だった山姥と巨大な鎌の真意を探る

「まずは神社にお参りしていきましょう」。登山口へのアプローチとなる大姥神社前宮に足を運ぶ類さん。参拝を済ませ、社殿の中を覗くとそこには刃渡り1mはある大きな鎌が。いかにも恐ろしい山姥と重なる奉納品に、身の毛もよだつ。しかもこの神社はおよそ400年も前からあるという。周辺で信じられてきた山姥とは、一体どんな存在だったのだろうか。

気を取り直し、大姥神社本宮のある登山口へと向かう。かつての集落を示す廃屋が点在し、どこかもの寂しい雰囲気の森。「誰か立っていますね」と類さんが指差す先を見れば、愛らしい金太郎をかたどった道標が立つ。「金太郎と山姥って何か接点ありましたっけ？」と、同行者も首をひねる。誰もが知る昔話が、やや渋滞気味の状況に民話好きの類さんの鼻息は荒い。「行ってみましょう！」の掛け声とともに、さらに山へと分け入る。

森の木々と馴染むように立つ鳥居をくぐると大姥神社本宮。ここで標高はすでに約700m。周囲の広葉樹が色づき、一足早い秋の訪れを感じる。

再び参拝した後、ここでも社殿の扉の隙間から覗いてみれば、奉納された鎌を描いた絵馬が数多く見える。しかも「御礼」と書かれたものもあり、何やら山姥が信仰の対象であることがうかがえる。この先にある奥宮に行けば、その疑問が解き明かされるはずだ。しかし想像を巡らしつつ紅葉を愛でるのもつかの間。この先には鬼のような鎖場が待ち受けている。

大姥神社本宮を参拝する類さん。この先から本格的な登山道

社殿の中にある鎌を描いた絵馬。山姥の持つ鎌に効力があったという

Column

大姥山の金太郎伝説

山姥と同様に全国各地にある金太郎伝説。この地にもその昔、大姥山に大姥(山姥)が棲んでいたという。大姥はここから東の有明山に棲む鬼・八面大王《はちめんだいおう》と恋に落ち、二人の間にできた子供を金太郎と名付けたという。大姥と金太郎は賑やかなことが好きだったため、毎年5月に行われる大姥神社の大祭前日には、手作りの花火が打ち上げられる。また近くには金太郎とクマが遊んだことにちなみ、金熊川《かなくまがわ》も流れる。

９つの連続する鎖場は山姥が課した試練

鎖場の間にある緩やかな尾根道を歩く

本宮の裏からすぐに登山道は急登。一変した厳しさに、さすがの類さんもたじろぐ。いかにも山姥が棲まう山だ。

そこに現れたのは山姥、ではなく「クサリ場１／９」と書かれた看板。この先９つもの鎖場を攻略せねばならない。最初の鎖は高低差約20m。かつて四国の霊峰・石鎚山の濡れた鎖場で散々な目にあった類さん。その後、しばらく鎖場アレルギーになったのを知ってか知らずか、百低山ロケでは何かと鎖場のある山が選ばれる傾向にある。

観念した類さんが鎖に取り付く。最近固くなった関節を大きく曲げ、一歩一歩上へと進む。鎖を握る手が心なしか小刻みに震えているのは気のせいだ。

難所を越えれば山姥からのねぎらいか、しばらくカラフルな紅葉に包まれた緩やかな尾根道が続く。「ずっとこんな道なら、いいんですけどね」とホッとした様子で周囲の風景を楽しむ類さん。表情は満ち足りているが、まだ１００ｍほどしか登っていない。

再び鎖場をこなした後に、金太郎の道標が立つ分岐に出た。「金太郎の散歩道」と書かれているものの、生身の人間には散歩とは言い難い。その道標には、このまま上へ行けば２００ｍで山頂。左へ行けば、小さい文字で「大穴」とある。ここは進路を左に取る。

大姥神社本宮から登ること1時間。金太郎が示す先に現れたのは、幅30m高さ10mのその名にふさわしい巨大な洞窟。「ここなら寝泊まりできますね、山姥も」。類さんの言葉通り、ここで山姥が金太郎と暮らしていたと伝わる。洞窟の中央にある木でできた簡素な社

ここでみつけた

つぐら

大穴に隣接してある小さな穴で金太郎が育ったという。つぐらとはこの地方で言う籠のこと。

頂上直下の鎖場を進む類さん。簡単ではないが、初心者でも慎重に進めば登ることができる

は、大姥神社奥宮になる。

そこにも祀られているのが小さな鎌。実は大姥の鎌は、子どもの癇《かん》の虫（夜泣き）を切ると信じられた。この地域では、大姥は安産や子育ての神様だったのだ。山深い場所でのかつての子育てには、様々な苦労があった。それだけ神様にすがる思いも強かったと言える。

大穴周辺ではミズナラやカエデの紅葉が楽しめる

大穴〜山頂

里山と北アルプスが重なる信州ならではの眺望

「山姥のイメージがもう全然違いましたね」。地元のガイドから神様だったという山姥の逸話を聞き、類さんもこれまでの疑問が解けたようだ。すっきりした類さんは、山頂を目指す前に、ここで金太郎のごとく弁当を頬張る。

山頂から南西を望むと山並みの奥に微かに北アルプスが

さきほどの分岐まで引き返したら、今度は上に向かう道を進む。そこで強いられるのは、最後に残る3つの鎖場との戦い。「これは結構力が入りますね…」。類さんは残された力で、近頃やや体重が増えた体を持ち上げる。

大穴からおよそ30分で、山頂に出た。くつろぐには十分な広さがある山頂には東屋《あずまや》も整備され、時間を忘れて景色を楽しめる。そこから見えるのは、深い山並みに囲まれるように点在する集落、奥にはうっすらと浮かび上がる北アルプスの壮大なる稜線が続く。「うわー！　この景色は凄い！」。若かりし頃、足繁く通った北アルプスの山々。この日の類さんの目には、どのように映っていたのだろうか。

Column

山姥の鎌は特効薬!?「虫切り鎌」の信仰

麓の集落では「大姥様」と呼ばれていた山姥。大姥が持っている鎌は「虫切り鎌」と呼ばれ、赤ちゃんの夜泣きに効果があるとされた。山中にある大姥神社まで鎌を借りに行き、それでお腹をさすると夜泣きが静まったという。夜泣きが治まれば、鎌を2つにして神社まで返す風習もあった。ちなみに山姥信仰は、縄文時代の女神信仰がルーツとの説もあり、縄文遺跡が多い長野には、各所に山姥伝説も多く残っている。

東を望むと集落や棚田が点在する里山が展開する

類さんの一句

岩つぐらに 姥《うば》が子育て 木《こ》の実《み》降る

木の実降る＝秋の季語。
句意：「岩つぐら」のある山頂付近は豊かな落葉広葉樹の森。ドングリやクリの毬《いが》などが落ちていた。山姥伝説には、ほのぼのとしたエピソードがあった。険しい山岳で金太郎を育てた母性溢れる山姥は人々の信仰を集めるようになった。意外な説話に賛辞の一句を捧げた。

岩つぐらがある大穴周辺は、紅葉の先に周辺の山々の風景も望める

大姥山へのアクセス

登山口へは、公共交通機関を利用するより、自家用車やタクシーを使うのが現実的。安曇野ICを降り国道19号を長野方面へ。途中「さざなみ」の標識に従い右折。「川の駅さざなみ」の駐車場を利用。「金太郎」の看板に従って進めば現地。

類'sインプレッション

人の営みを感じる里山のすぐ後ろに3000m級の北アルプスの風景が同時に見えるのは、信州の低山ならではと思います。また山姥は、今までのイメージが相当変わり、深い山に抱かれる母なる存在になりました。

下山の後のお楽しみ ～山賊焼き～

ニンニクや醤油などに漬け込んだ鶏モモ肉を、片栗粉を付けてカラッと揚げた中信地方の郷土料理。「山賊揚げ」とも言われる。クリスピーな歯ごたえと噛むほどに溢れる肉汁で食べごたえ十分。お酒は大町市の地酒・**薄井商店「白馬錦」**。北アルプスの清冽な水と地元酒米で醸した一本を、竹の香りが爽やかな竹徳利でいただく。

店舗名	信州金熊温泉 明日香荘 山櫻亭
住所	長野県大町市八坂1160
TEL	0261-26-2301

登山口となる猿投神社境内の新緑が心地よい参道を歩く

愛知県

猿《さ》投《なげ》山《やま》

ものづくりを支える神の山

古の天皇と猿にまつわる逸話がその名の由来。麓に鎮座する猿投神社と共に、信仰の対象として崇められてきた。特に山がもたらす恵みと祀られた神様の存在で、ものづくりに携わる人々からの信仰が厚い。日本を代表する自動車産業の拠点でもある中京地方の人々の心の拠りどころだ。

濃尾平野を一望する山頂はベンチも設置されくつろげる

標高	629m
距離	約3.3km
時間	約2時間

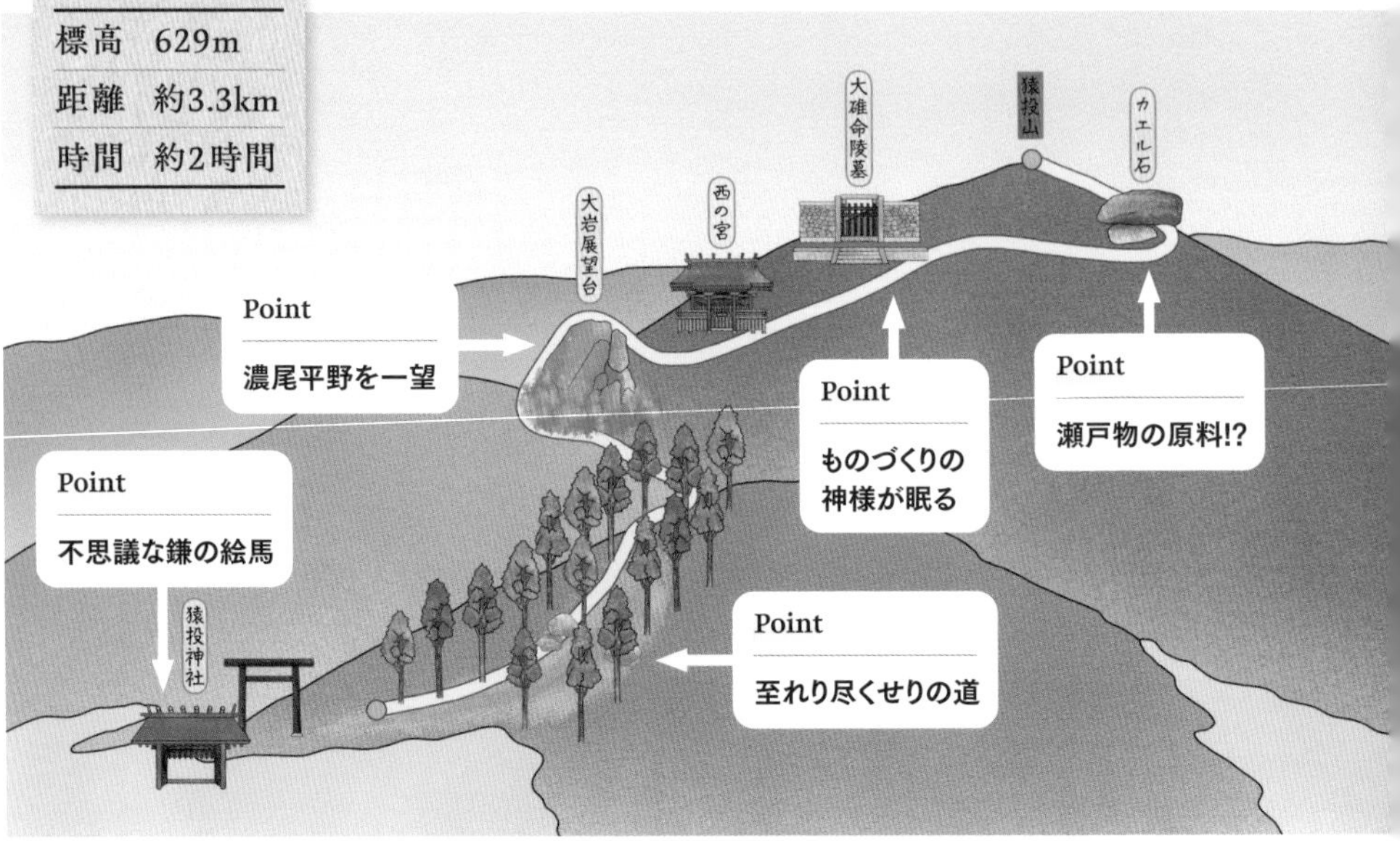

右／猿投山の境内には「左鎌」と呼ばれる鎌形の絵馬が奉納されている　中／登山道に現れるカエル石
左／登山道に顔を出す鉄の杭は古くから整備されてきた名残

中京地方の人気峰で飽きのこない風景と伝説を楽しむ山歩き

名古屋市からも望むことができる猿投山は、そのアクセスの良さから中京地方の高尾山的存在として人気が高い。また麓にある猿投神社は西三河随一の大社として、広く信仰を集めている。地元から親しまれてきた人気の山ゆえに、しっかり整備された登山道がのびる。まずは猿投神社からスタートしてから奥社を経由し、崇拝されてきた理由を知る。常連登山客との交流を楽しみつつ、さらにこの山が愛知のものづくりの原点にもなった歴史を探る。

途中にある大岩展望台から濃尾平野を望む

猿投神社〜西の宮

信仰と楽しみを体感する歩きやすい道

遥か１７００年前、景行天皇が可愛がっていた猿が悪行をして、海に捨てられた。その猿が泳ぎ着いた山として、山名がついた伝説が残る。「本当にそんなことあるの？」と神話好きの類さんが珍しく訝《いぶか》しがる。あくまでそれは前段階の情報で、この山と地元の人々が紡ぐ物語が主題だ。

麓にある猿投神社からスタート。同社が祀るのは景行天皇の子・大碓命《おおうすのみこと》で、ヤマトタケルの双子の兄とされる。厳粛さ漂う境内には数多の絵馬が掲げられ、黒い金属製の鎌の形をした絵馬も目立つ。しかも左手で持つ「左鎌」と呼ばれるものだ。奉納しているのは自動車関連など、製造業の会社の名前が連なる。ものづくりに関わるご利益があるのだろうか。謎を抱いたまま、類さんは先へと進む。

同社から歩くこと30分ほどで、登山道に入る。緩やかで整備が行き届き、ハイカーとも数多くすれ違う。あるハイカーに話を聞けば、１６００回も猿投山に登ったという。この山が信仰の対象だけでなく、楽しみの対象にもなっていることがよく分かる。

その後も常連の熟年ハイカーと交流を楽しみ、元気を分けてもらった類さん。常日頃から「１００歳まで現役」を宣言しているだけに、自分より年上のハイカーに刺激を受けたようだ。

大岩展望台で濃尾平野を望んだ後は鬱蒼とした森の中へ。そこに大碓命が眠るとされる陵墓が現れた。

登山道は地元の人達によって整備されている

Column

ものづくりの原点が、猿投山の地質にあった!?

猿投山は花崗岩質で古くから真砂土（サバ土）と呼ばれる陶磁器に適した土が多く採れていた。また森の木々も釉薬の原料となる灰や燃料として利用されていた。これらの原料は麓の瀬戸に送られ、日本を代表する焼き物産業を支えた。猿投山には、かつて真砂土を作るためのトロミル水車が数多くあり、現在も登山道沿いに復元したものを見ることができる。

真砂土を作るために利用されたトロミル水車

西の宮と東の宮、本宮と合わせて猿投三社大明神と呼ぶ

西の宮〜山頂

伝説の舞台を巡り信仰の理由を探る

森の中に忽然と現れる立派な造りの西の宮は、東の宮と共に猿投神社の奥社のひとつ。隣接して大碓命が眠るとされる陵墓がある。大碓命は左手で鎌を使い、この地を切り拓いた。その伝説にあやかり、この周辺の人々は左鎌を奉納するようになったという。「紐解けました！」。地元ガイドから聞いた逸話から左鎌の理由を知り、類さんも腑に落ちたようだ。

その後も森の中を進み、ほどなくして現れたのが、巨大な楕円状の岩。大碓命が、これを船に見立てて乗ってきたと伝わる御船石《おふねいし》だ。その次に現れたのがユーモラスなカエル石。想像力を刺激してくれる奇岩の存在は、この山が崩れやすい花崗岩質であるからだ。このようになにかと変化に富み、飽きが来ないのもこの山が愛される理由だ。

山頂はカエル石からすぐ近く。そこから見えるのは、大碓命が開拓した頃からは、想像できないほど発展した濃尾平野の現在の姿だった。

Column

ヤマトタケルと双子の大碓命は心優しき神!?

武勇で知られる双子の弟のヤマトタケルノミコトと異なり、穏やかな人物だった大碓命。双子のどちらかは左利きになると言われ、大碓命は左利きだった。大碓命はこの地を開拓しようとして、毒蛇に噛まれて亡くなり、この山に葬られた。その時、民が嘆いたことから、「真嘆山（まさなげきやま）」と呼ばれたことも山名の由来とされる。大碓命の開拓精神とものづくり精神が共通するとして、製造業者から崇拝されるようになった。

巨船をイメージする御船石は山から突き出るようにある

類さんの一句

猿《さる》酒《ざけ》や 背負子《しょいこ》の翁《おきな》 笑みこぼる

猿酒＝秋の季語。樹の洞《うろ》に溜まった木の実が自然発酵した酒で、猿が造ったとされる。

句意：登山道で出会ったユニークな登山者たちにクローズアップした一句。裸足、オカリナ奏者と様々なれど、背負子を背負ったご老人(八十代？)が昔話みたいないでたちで下山してきた。猿投山だけに猿酒にほろ酔ったかのテンション、綻んだ笑顔が良い。

常連ハイカーの野村忠弘さんは撮影当時89歳。週3回は猿投山に登るという

猿投山へのアクセス

猿投神社へは、公共交通機関の場合、名鉄豊田市駅からとよたおいでんバス「藤岡・豊田線(加納経由)」に乗車し、「猿投神社前」バス停下車。

車の場合、猿投ICを降り県道349号を小原方面へ。「猿投山・東海自然歩道」の道標に従い、登山者用無料駐車場へ。

類'sインプレッション

山の中で出会う人すべてがとびきりの笑顔で、この山が大好きなことが納得できました。大碓命のように、優しい気持ちで山頂まで人々をいざなってくれる、そんな愛に溢れた山だと思いました。

下山の後のお楽しみ ～ひつまぶし～

諸説あるものの、鰻重や鰻丼だと大人数で分ける場合に、ウナギが均等にならないことから、おひつでウナギと混ぜた(まぶす)ことがルーツとされるひつまぶし。こちらでは三河一色産の活ウナギを、備長炭で外はカリッと中はふわっと焼き上げる。特製ダレはさっぱりした甘さが特徴。酒は**関谷醸造の「蓬莱泉 特別純米 可《べし》®」**と合わせる。

店舗名	うなぎ じねんじょ まんまる
住所	愛知県豊田市前田町6-27-1
TEL	0565-41-6712

福井県
岐阜県

夜《や》叉《しゃ》ヶ《が》池《いけ》山《やま》

幽玄なる森が抱く伝説残る神秘の池

文豪・泉鏡花が戯曲のモチーフにもした夜叉ヶ池。枯れることのないその池を有する夜叉ヶ池山は、麓から姿を望めないほど、深い森の中に位置する。豊かな水を生み出し、希少な生物を育む森は、まさに物語を紡ぎ出す雰囲気が漂う。

陰地に咲く色素を持たないツツジ科のギンリョウソウ。

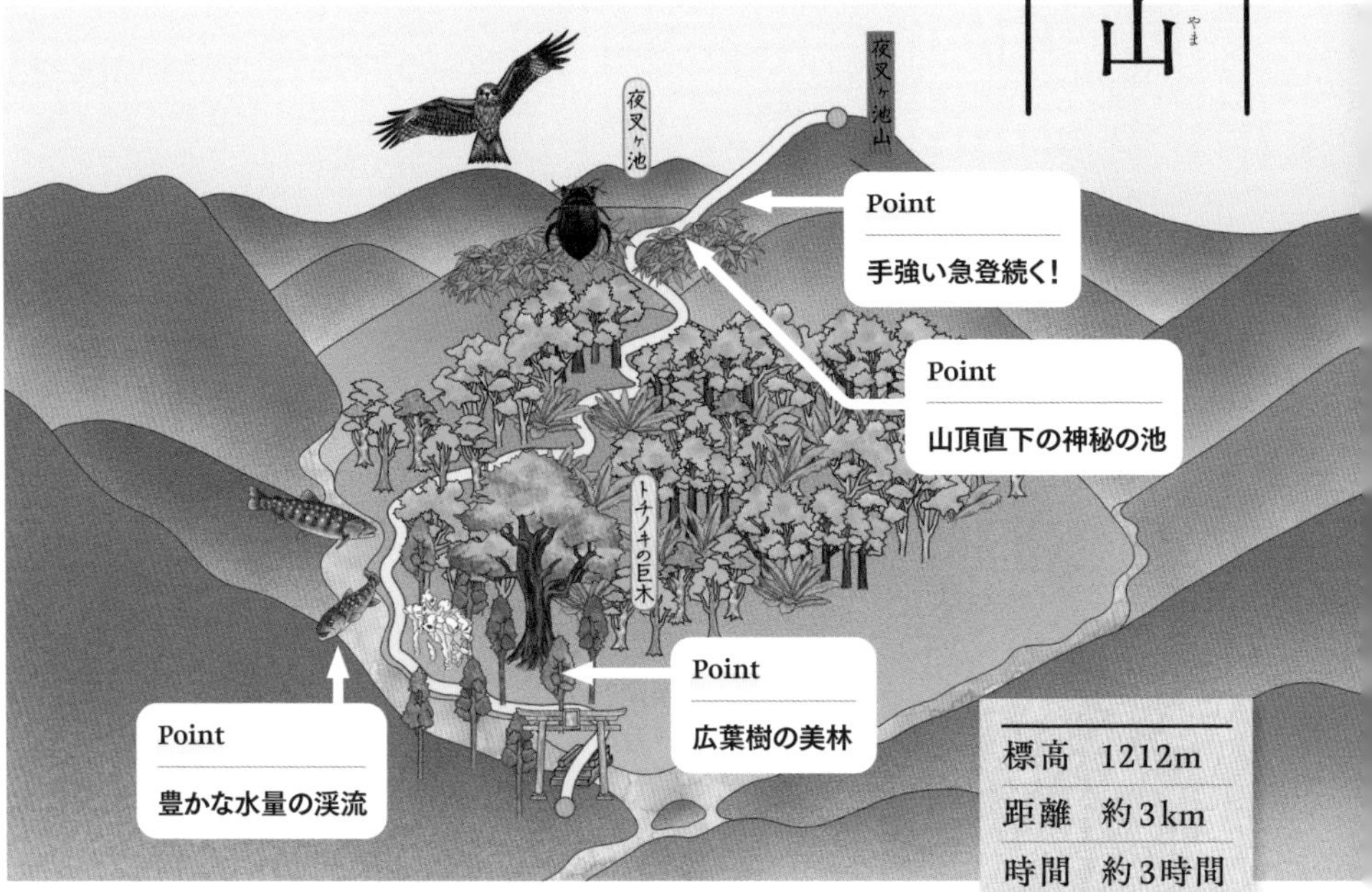

標高	1212m
距離	約3km
時間	約3時間

四季折々の変化と神秘性が相まった趣深き山歩き

北陸3県と岐阜の県境に連なる約100kmの両白《りょうはく》山地。夜叉ヶ池山はその南端にある。標高1099mにある周囲230mのほぼ円形の夜叉ヶ池は「雨乞いの池」とも呼ばれ、悲劇の伝説も伝わる。今回は福井県側から日野川の支流を遡りながら頂を目指す。夜叉ヶ池までは、水量豊富な夜叉滝や天然記念物のトチノキ、ニッコウキスゲなどの花々との出合いが楽しめる。夜叉ヶ池からは厳しい急登。低山とはいえ、山深いため経験者の同行があれば、なお安心だ。

登山口～夜叉ヶ池

深山幽谷の趣漂う美しき森と渓流を味わう

「夜叉龍神社」の額が掲げられた鳥居から、道はその先の深い森へとのびている。いつもは鳥居でしっかり一礼をする類さんだが、森の奥から誰かに誘われているのか、足早に歩きながら軽くペコリ。「僕がクマだったら棲みたい森ですよ」と一般人からすれば、なかなか想像し難い表現で、周囲の森を評価する。すなわち渓流があり、広葉樹が生い茂り、柔らかな光が差す森。

水量豊富に流れ落ちる夜叉滝の手前にはウツギが花を咲かす

歩き始めて40分ほどで、木々の間から夜叉滝が姿を見せる。「あ！見えた。アマゴかイワナかな」。かつての釣師として、小さい文字は読みづらいが、素早い魚影を捉える動体視力は健在だ。

高度を徐々に上げていくも、渓流の水量は豊かに保たれていることに関心しきりの類さん。これは一帯に広がる広葉樹がダムとなって水を蓄えてくれているおかげ。その象徴とも言えるのが、夜叉滝の先にある樹齢約３００年と推定されるトチノキの巨木。それを取り囲むようにブナやミズナラが並び、趣深い森の表情を見せる。

渓流から離れても心地よい森は続く。それに反して尾根道の斜度は増し、徐々に体力を奪われる。目指す頂上直下の夜叉ヶ池までは、まだまだ先だ。

ここでみえる

ヤシャゲンゴロウ

夜叉ヶ池だけにしか生息しない固有種。環境の悪化で絶滅が危惧され、保護増殖活動も行われている。

Column

地形と気候と森が枯れない池を生んだ

夜叉ヶ池は流れ込む川が一本もないが、一年中枯れることがない。冬になると、周辺の山に日本海から湿った風が吹き付け豪雪となり、その豊富な雪解け水が漏斗状にできた窪地へ流れ込むためと考えられる。加えて保水力の高い広葉樹の森の存在も大きい。また昔から「雨乞いの池」とも呼ばれ、畔には奥宮夜叉龍神社の祠が建つ。

夜叉ヶ池〜山頂

神秘の池の全貌を背負って頂までよじ登る

夜叉ヶ池を背後にして山頂直下の急登に挑む

息が上がる急登をなんとかこなし、夜叉ヶ池まで500mに迫る。その矢先、霧が濃くなり、幻想的な森を演出する。背の低くなった木々をかき分け、進んだその先に、夜叉ヶ池が忽然と現れた。水際まで広葉樹の森が迫り、深い緑の水を湛えたそれは、龍神が潜んでいても不思議ではない佇まいだ。

目を凝らして水底を覗けば、何やら小さな生き物の気配。アカハライモリや世界でここだけに棲むヤシャゲンゴロウは、希少ながらどこかユーモラスな動きを見せるのが微笑ましい。視線を上げると、水面近くの木の葉には、モリアオガエルの卵の白い泡が垂れ下がる。龍神以外にも、この池には多くの生き物の賑わいがあるようだ。

池の周囲を散策していると、山肌を流れる風が霧を拭い取り、山頂が一瞬顔を出した。その稜線をしがみつくように上り下りする小さな人影も見える。「這い上がらないといけないみたいですね」。類さんも覚悟を決めた。

夜叉ヶ池から山頂まではわずか20分。しかし道は岩場の急登となり、四肢をフルに使って慎重に挑む必要がある。振り返れば先程までいた夜叉ヶ池が、遥か下に見える高度感。

岐阜県側に目をやると、その水がこぼれ落ちそうなくらいの断崖となっている。絶妙な地形のいたずらで池が成り立っているのが、上から見ればよく分かる。

無事に岩の急登を登りきり、笹原に出れば山頂だ。そこから夜叉ヶ池は見えないが、雲の合間からは県境をなす両白山地の広大な連なりを捉えた。

Column

夜叉姫が龍神となり村人を救った伝説

その昔、日照りに悩んだ村人が、ヘビに「雨を降らせてくれたら、願いを叶えよう」とつぶやいた。すると雨が降り、村人は大喜び。しかし翌日山伏が現れ「私は龍神だ。約束通り私の願いである娘を妻として差し出せ」と迫った。娘の夜叉姫がそれを受け入れ妻となった。その後自らも龍神となり、池に棲むことになったという。

夜叉ヶ池の畔は山頂を目指す前の休憩にも最適

類さんの一句

夏《なつ》霧《ぎり》に
いのち呼《よ》び合《あ》ふ
夜《や》叉《しゃ》ヶ《が》池《いけ》

夏霧＝夏の季語。
句意：夏霧に隠されていた夜叉ヶ池はモリアオガエルの鳴き声が響いていた。池畔の木々の梢には産み付けられた卵がぶら下がっている。孵化して池に落ちたオタマジャクシは親蛙と同様に多くが捕食される運命。池に棲み付いた鳶が羽音をたてて捕食行動をする間、蛙たちは一斉に鳴き止む。神秘の池に静寂の時が流れる。

池の周りの木の葉には白い卵塊がそこかしこにぶら下がっている

夜叉ヶ池山へのアクセス

夜叉ヶ池山の登山口へは、公共交通機関よりも車で向かうのが便利。今庄ICから国道365号、県道231号経由で約40分。無料駐車場あり。

類'sインプレッション

夜叉ヶ池の周りを広葉樹がびっしり取り囲み、実に静かに水を湛えている姿が印象的でした。しかもモリアオガエルの卵を見たときには奇跡のように思いました。こんな世界が残っているのかと驚きました。

下山の後のお楽しみ
〜アユの塩焼き〜

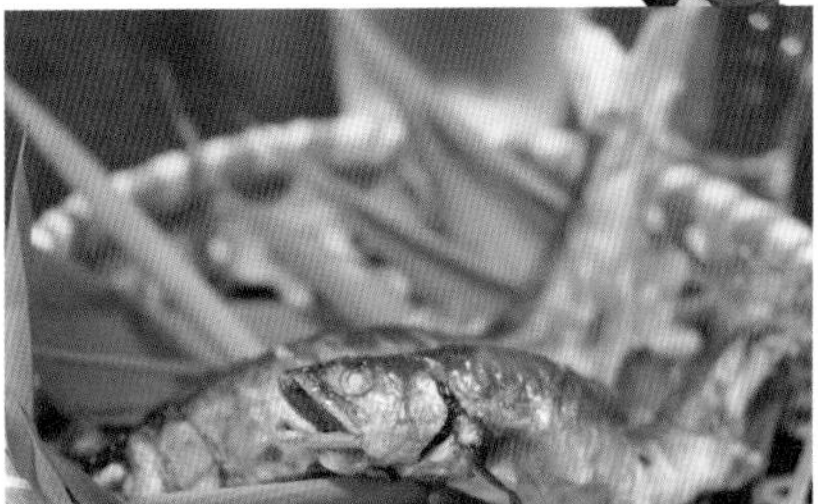

夜叉ヶ池から時間をかけてしみだしてきた伏流水を源にする日野川は、アユ釣りでも有名で漁期には多くの太公望が足を運ぶ。時期により味わいも変化し、今回訪れた6月頃は香りが高く、身が柔らかであっさりした味わいが特徴。こちらでは**畠山酒造「大吟醸　雪きらら」**と合わせて楽しめるアユのフルコースも提供している。

店舗名	今治亭
住所	福井県南条郡南越前町今庄109-1
TEL	0778-45-0111

山梨県

岩《いわ》殿《どの》山《さん》

戦国ロマン秘めた断崖絶壁の山城

大月の街並みの背後に聳える岩殿山。地殻変動により生まれたこの岩塊は、戦国時代には難攻不落の山城として立ちはだかった。ここを舞台に繰り広げられた武田家存亡に関わる悲劇。岩を這い上がり、頂に立てばその背景が見えてくる。

登山道は鎖が張られた岩場が連続し、類さんの行く手を阻む

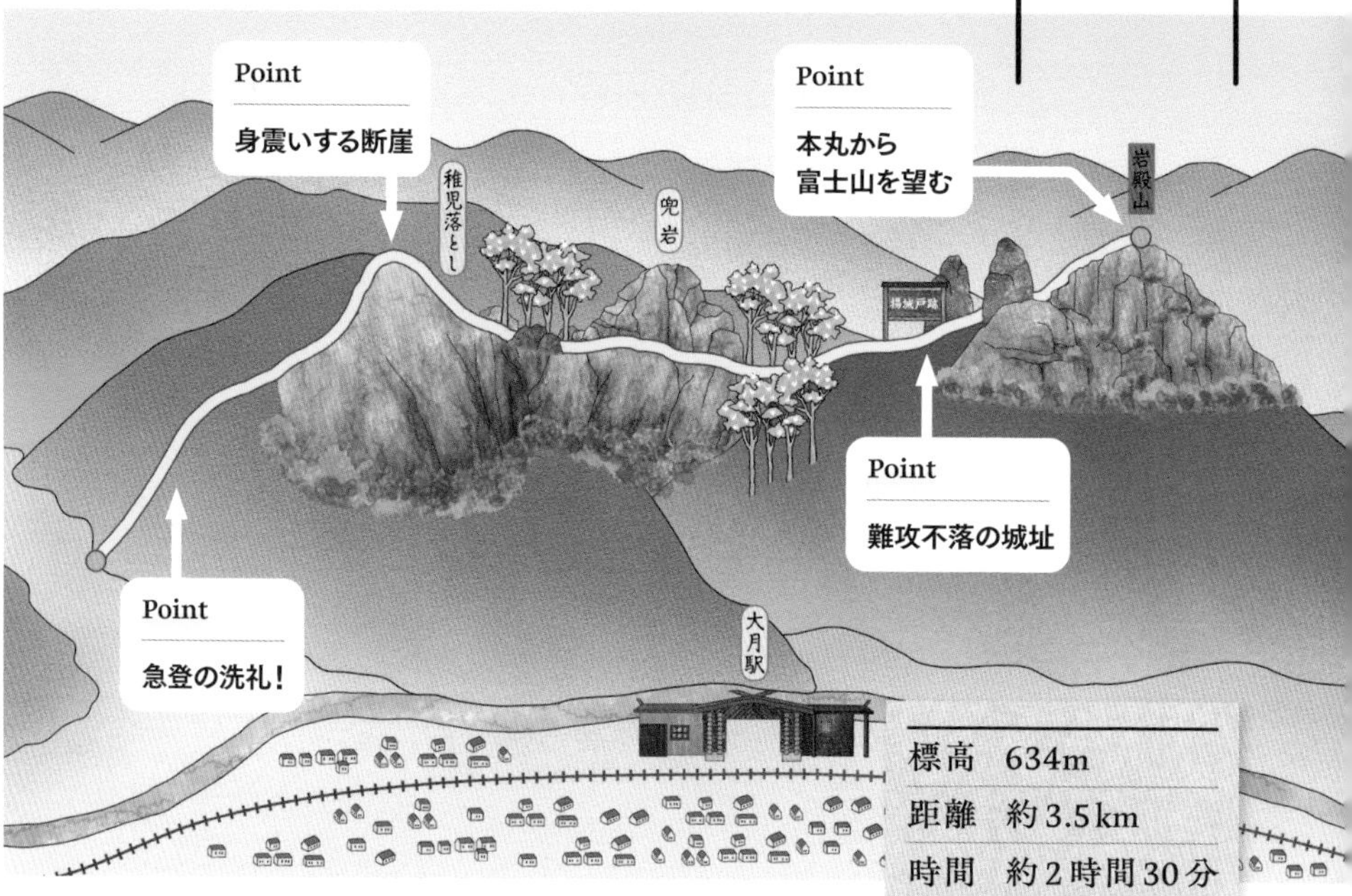

標高	634m
距離	約3.5km
時間	約2時間30分

身近な山に思えど岩場に苦戦する手強い戦国城址

中央道やＪＲ中央線の車窓からでも、低いながら急峻な山容を目にすることができる岩殿山。登山口はＪＲ大月駅から徒歩圏内ながら、コースにより急登や鎖場があるため、しっかり事前準備をしてから臨みたい。かつては修験道の修行の地、その後、戦国時代には山城として存在感を発揮し、山頂にはその痕跡も残る。その一方でサクラやツツジの名所としても知られる。今回は岩殿山の西端にある浅利登山口からスリリングな尾根道を経て頂を目指す。

浅利登山口～兜岩

胸を突く急登の断崖に難攻不落を実感する

「あ、あの山だったの⁉」と前泊したホテルの真後ろに屹立していた岩山が、実は岩殿山と聞き、思わず目を白黒させる類さん。まさかこれほど大月のまちに隣接した山だとは思わなかったようだ。

高さ150mの断崖絶壁が続く「稚児落とし」の上を進む

こんもりと丸く、親しみすら感じる山容ではあるが、よく見れば斜面は全て岩肌。どこからどうやって登ればいいか、皆目想像がつかない。

登山口は山の稜線が落ち込む西側にある。歩き始めて数分で「うわ！いきなり」と類さんが口走る。そこには見上げるほどの急階段が立ちはだかる。この先は、急登や鎖場が連続し、岩殿山の厳しさを嫌でも堪能するしかない。

わずかなスペースを見つけ周囲を眺めると、近くの山の頂から富士山の白い頭だけが少し顔を見せる。これから高度が上がるたびに、その姿が明らかになってくるだろう。

1時間の急登に耐え、見晴らしの良い断崖の上に立つ。とはいえ足元は切れ落ち、一歩間違えば命はない。ここは「稚児落とし」と呼ばれ、戦国時代の悲しき伝説の舞台。「稚児というより自分が落っこちてしまいそう！」。高いところが好きな類さんだが、さすがに足がすくんでいるように見える。

ここでみえる

兜岩

尾根上に聳える巨大な岩。この岩を直登せず、トラバースして進む。富士山も望める。

Column

「稚児落とし」を生んだ武田家の悲劇

岩殿山は「岩殿城」と呼ばれる山城だった。1582（天正10）年、織田・徳川軍による甲州征伐で追い詰められた武田勝頼。岩殿城に逃げ込もうとするも城主の小山田氏が拒否。勝頼は自害し武田家は滅亡する。その後、追手を避ける武将の妻が、赤子の泣き声を封じるために、断崖から落とした伝説から「稚児落とし」と名がついた。

中部

武田勝頼も見たがった富士の絶景と山城の秘密

「稚児落とし」からアップダウンを繰り返しながら尾根道を辿る。ほどなくすれば、そそりたつ兜岩が行く手を阻む。このコース一番の難所ともいえるこの場所は、背後にのびる巻道をとる。ただし、こちらはこちらで急坂を下ると思えば、鎖場の急登が出現し、全く油断はならない。

　まさに難攻不落を絵に描いたような関門を越えると、かつての往還が交わる峠へと出た。ここから先へ進むと岩殿城内だ。ただし道は狭い。これも敵が攻め込みにくくするための工夫だという。そして2つの巨岩が対峙する場所が門の跡。さらに馬の係留場や倉庫跡など、山上にはいくつもの城郭の痕跡が残る。戦国時代、多くの兵士がここに駐屯したというが、それを可能にしたのが井戸の存在。もともと礫岩でできている岩殿山は、その上に堆積した土を通った雨水が井戸から湧き出ている。それは今も絶えることはない。「これは凄いね」と井戸跡を眺める類さんも驚きを隠せない。

大月のまちと春霞の先に優美な姿を見せる富士山

　台地上になった山上は、ちょうどサクラが見頃を迎える。先程までの厳しい道のりとは異なり、それは「つわものどもが夢の跡」かのような光景だ。柔らかな光の中、本丸跡を目指し進む。

　類さんが一段高くなった場所へ駆け上がる。さらに50㎝ほど平らに盛り上がったのが山頂で、かつての狼煙《のろし》台だ。

　裾野を広げる富士山、大月の街並みに加え、東西南北から通じる道の全てが確認できる。類さんもここに山城を構えた意図が呑み込めたようだ。

円形の池が井戸跡。左側の池からは今も水が湧く

Column

勝頼を断ったのは大月を守るため!?

交通の要所にあり、戦略的にも重要だった岩殿城。甲州征伐の際に城主の小山田氏が武田勝頼を入城させなかったのは、裏切りだったと言われる。一方で、勝頼を匿えば再び戦が起こる可能性もあった。そこで小山田氏は周辺のまちに戦火が及ばぬように、あえて勝頼を突き返した。自国の領民の安全を優先したという解釈もある。

類さんの一句

尾根道は
奈落《ならく》縁《ふち》どる
木《こ》の芽《め》どき

木の芽どき＝春の季語。
句意：岩殿山は巨大な岩舞台のように聳える。見下ろす断崖は「稚児落とし」といわれ、地獄さながら。悲劇的な伝説から歌舞伎の舞台がイメージされて「奈落」とした。ところが、山はミズナラなどの広葉樹が芽吹いて彩りも麗らか。奈落もまた春の柔らかな緑に縁どられていく。

断崖のイメージが強い岩殿山だが季節に応じた草花が楽しめる

岩殿山へのアクセス

今回の登山口となる浅利登山口へは、JR大月駅から徒歩約30分。

車の場合、大月ICから国道20号、139号経由で丸山公園の駐車場を利用。そこから徒歩40分。

類'sインプレッション

山梨の山並みの奥に聳える富士山の美しさと雄大さ。この眺めはやっぱり登ってみないと分かりません。また戦国時代の城主だった小山田氏が、武田勝頼より地元民を守ったという解釈にも共感しました。

下山の後のお楽しみ ～おつけだんご～

山梨の郷土料理といえば、うどん状の麺を煮込んだ「ほうとう」が有名。ところが大月では、小麦粉の団子が入った「おつけだんご」の方が古くから家庭で親しまれてきた。こちらでは味噌で味付けし、たっぷりの根菜類と共に味わう。お酒は大月の地酒**「純米大吟醸 笹一 無濾過生原酒」**。力強い旨味がありながらも透明感のある美酒だ。

店舗名	いなだや
住所	山梨県大月市大月町真木2823
TEL	0554-22-0187

山梨県

三《さん》方《ぼう》分《ぶん》山《ざん》

マグロが駆けた歴史を語る大動脈

3つの村の境をなすことからその名がついた三方分山。山中にはかつての往還が走り、ここが物資の大動脈だったことが読み取れる。峠に立つ句碑に描かれた往時の光景。この道を駆けた先人達も、富士山の美しい姿を目にしていたはずだ。

石垣が残る登山道は、歩きやすいがつづら折りが続く

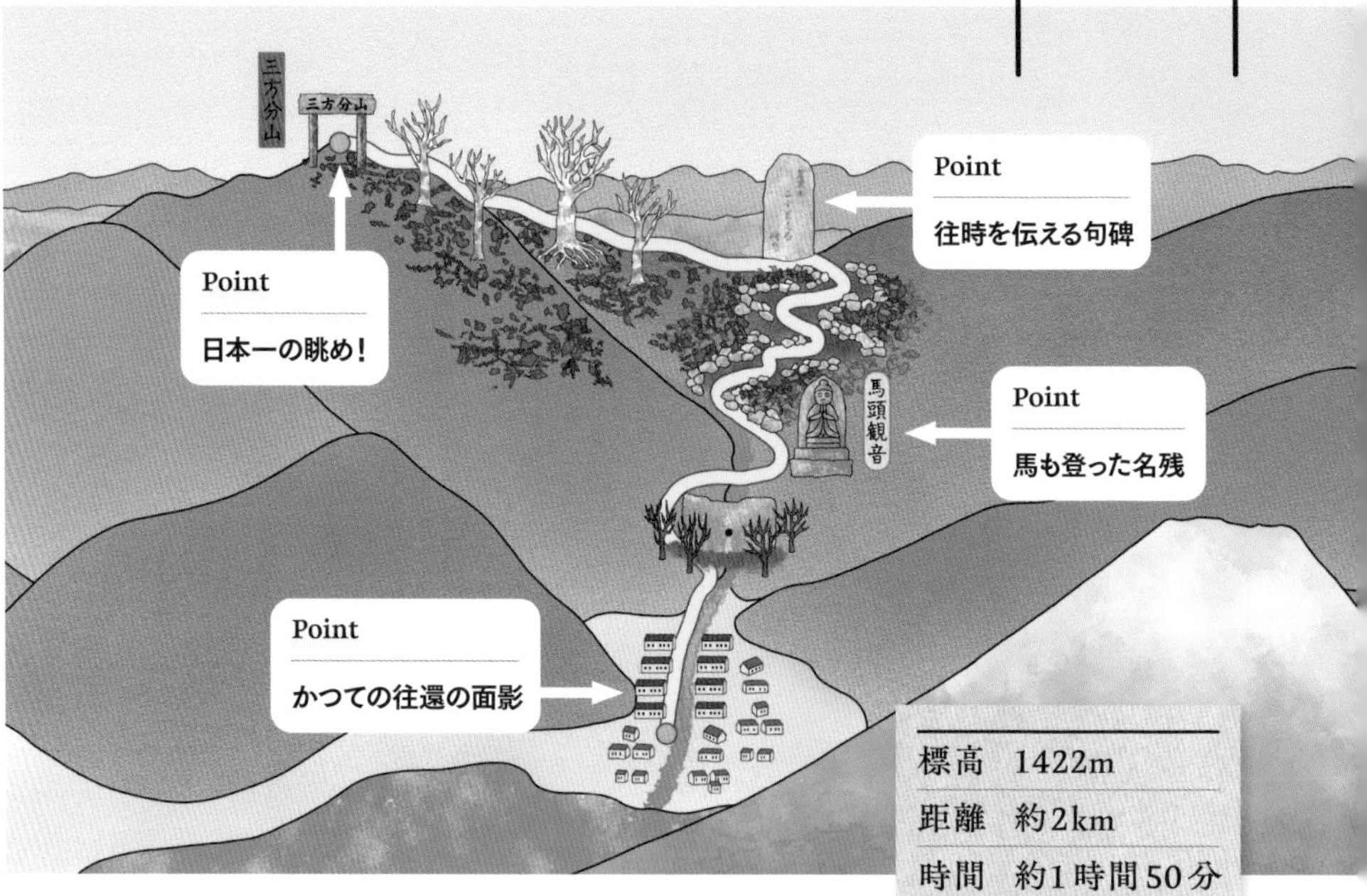

標高	1422m
距離	約2km
時間	約1時間50分

富士山の絶景と歴史の足跡を辿る古道ハイキング

三方分山は、山梨県の南部・甲府盆地と富士山の間に広がる御坂《みさか》山地に含まれ、富士五湖の一つ精進湖《しょうじこ》の北に位置する。山中には、かつて駿河と甲府を結び、太平洋の海の幸を甲府へ運ぶ物流を担った中道往還《なかみちおうかん》がのびる。今回は精進湖からスタートし精進集落を経由。中道往還を女坂峠まで当時の面影を探りながら進む。峠から先は富士山の絶景を励みにして急登を行く。この往還のお陰で、今も甲府の人たちにとって大好物のマグロがもたらされたという。

先人の健脚ぶりに脱帽するつづら折りの往還

山梨に来たら必ずほうとうを所望する類さん。「ほうとうでも軽く食べたいな」と言い出したのは、山梨入りしたロケ前日の15時。おやつにしては多すぎるほうとうを完食した上、夕食も平らげ、スタミナは過剰摂取気味。

精進湖からは大室山を抱いた「子抱き富士」が見える

翌日、スタートとなる精進湖からの富士山の眺めは見事。この好天に、前日の食べ過ぎを感じさせないほど、類さんの足取りは軽やかだ。

中道往還がのびる精進集落へと入る。賑わいはないが、旧商店と思われる風格ある家屋が昔日を偲ばせる。

家並みが絶え、未舗装の道に変われば、急登の様相を呈してくる。10分ほどそれをこなし、再び道は歩きやすく緩やかに。道沿いには江戸時代から残る石垣も現れ、この往還が重要だったことを教えてくれる。

道はつづら折りの連続。単調だがこれも斜度を緩める工夫。先人はここを馬と共に登ったという。道脇に佇む馬《ば》頭観音《とうかんのん》が、今はハイカーを見守る。

木々の間から精進湖を見下ろす場所で一息つく。視線を上げればつづら折りはまだ幾重にも続いているようだ。登り始めてちょうど一時間。標高1210mの女坂峠（阿難坂）に出た。ここを下ればそのまま甲府に至る。

ここでみえる

馬頭観音

江戸時代、道中で死んでしまった馬を祀った場所に建てた。それだけ馬が通っていた証だ。

Column

戦国武将も走った!?古代から続く中道往還

甲府と駿河（吉原）を最短距離の約20里（約78km）で結ぶ中道往還。道は古代から存在していたと考えられる。戦国時代には武田信玄、織田信長、徳川家康などが軍用道路として活用したとも言われる。織田・徳川連合軍が甲州征伐の後、ここを通る際には家康が茶屋を建て、もてなしたと伝わる。別名「魚の道」や「塩の道」とも呼ぶ。

女坂峠〜山頂

富士山の姿を横目に広葉樹の森が広がる頂へ

生魚《なまうお》の　二十里走る　ほととぎす

女坂峠にある句碑は、彫られた文字がかすみ、予備知識なしに解読するのは難しい。一説によると江戸時代のものとされるが、詠み人も建立時期も詳細が明らかではない。とはいえ、鮮魚を運ぶ人馬の駆ける風景がありありと浮かび上がる一句に「いや〜おもしろい！」と類さんは膝を打つ。その作風に「ひょっとしたら蕉風《しょうふう》（松尾芭蕉の作風）に影響を受けた俳人かもしれませんね」と詩人らしい推理も加える。解説板も何もないのが惜しいほどの歴史の証人を前に、しばし類さんは想像を巡らしているようだ。

山頂まで続く尾根道の木々の間からは富士山が顔を覗かせる

峠を直進せず、ここから1.5km先の山頂へと繋がる尾根道へと入る。往還からは外れるため、道は狭くなり急登へと変化した。

息が上がるほどの傾斜だが、ブナやミズナラなどの落ち葉が道を覆い、天然のクッションとなって足を優しく受け止める。ただし一部滑りやすいので油断せずに登っていく。

一方で葉が落ちた森は、木々の先にある風景を浮かび上がらせる。左手に富士山が迫り、右手に遠く甲府盆地がある。「すごい距離を走ったんだ」。類さんも先人の健脚ぶりに脱帽するしかない。この山ならではの風景に元気をもらい、急登を耐え忍びながら登ること約15分。なだらかな笹原の頂上に出た。

開けた場所に立つ類さん。枯木が額縁となり富士山を効果的に引き立てる。「♪富士は〜日本一の山〜♫」。感動的な姿に、同行者と唱歌を口ずさんだ。

女坂峠の句碑の前に立ち、思いを巡らす類さん

Column

日本一の寿司好きは中道往還のおかげ!?

山梨県は人口当たりの寿司屋の数が日本一。マグロの消費量は2位。昔から中道往還を経由して、生のマグロを食べていたという。当時、夕方6時に積み込んだ駿河のマグロは、朝の6時には甲府へ到着した。未舗装の夜の山道を1km約9分で駆けたという。山国ゆえに鮮魚への憧れが強く、その名残が今に繋がっているのかもしれない。

類さんの一句

天空を 富嶽《ふがく》の翼《よく》や 枯葉踏む

枯葉＝冬の季語。
句意：三方分山の頂上から望む両翼をひろげた勇壮な富士山。葛飾北斎なら如何なる『富嶽図』を描いただろう。こうまで大迫力の美しい富士の姿を詠むには「翼（よく）」と「富嶽」の語が必要だった。天空のスケールの大きさを、足下の枯葉を踏む音と取り合わせて強調した。

山頂は木が刈り取られ、富士山が見えやすいようになっている

三方分山へのアクセス

登山口となる精進湖へは、富士急富士山駅、または河口湖駅からバス「新富士駅線」、「本栖湖線」に乗車し、「ふじみ荘前」バス停下車。

車の場合、河口湖ICを降り、国道139号を富士本栖方面へ。その後国道358号を甲府方面へ進み、「精進湖畔」の標識に従い現地。無料駐車場あり。

類'sインプレッション

昔の甲府の人達が、僕たちと同じように美味しいマグロを食べていたと思うと面白いですね。それにあの富士山の姿！すごい神聖さを感じました。当時の人達もきっと心の支えとして富士山があったのでしょうね。

下山の後のお楽しみ ～甲州寿司～

昔から甲府で親しまれてきた甲州寿司。酢を利かせ、通常の1.5倍はある大きいシャリに、マグロなどをのせ、ツメ（甘ダレ）を塗るのが特徴。魚の生臭さを消し、色味を鮮やかにする効果もある。今でも祝いの席などには欠かせない存在。ボリューム満点ながら、バランスの良い甘さが、シャリともよく合い、つい食べすぎてしまう。

店舗名	魚そう北口分店
住所	山梨県甲府市朝日1-7-13
TEL	055-252-3566

スペシャル対談 1

ほろ酔いで語ろう低山の魅力

「低山って面白い」

吉田類

Yoshida Rui

高山にはない人の営みの風景が魅力
（吉田類）

これまで80座を超える低山を踏破してきた類さん。今後もその魅力を届けるために、二人のプロフェッショナル達の低山にまつわる知見に触れる。とはいえ、あくまで酒を酌み交わしながらざっくばらんに語り合うのが類さん流。一人目は１０００座以上の低山を巡った低山トラベラーの大内征さんだ。

大内　今日は僕の出身地の宮城を代表するお酒『伯楽星』をお持ちしました。

類　じゃあ乾杯して始めましょう。

二人　乾杯！

類　僕はもともと３０００ｍクラスの山に登っていましたが、この番組で低山に行って、一発でハマりました。予想外の絶景や歴史、人との出会いや物語が多くて面白い。そんな低山の良さをご紹介していただきたいと思います。大内さんのおすすめの山はありますか？

大内　ふたつの絶景低山「りょうぜん」はどうでしょう。福島の霊山《りょうぜん》と滋賀の霊仙山《りょうぜんさん》です。

類　これは両方とも知りませんね。

大内　霊山は吾妻山・安達太良山《あだたらやま》方面がよく眺められる絶景が広がっています。字面からも分かるとおり修行と信仰の山で、天台宗の僧侶・円仁《えんにん》によって開かれました。

類　頂上はどんな感じになっているのですか？

大内　頂上まで岩が覆う独特の景観が続きます。密教の山なので、護摩焚きをする場所があったり、岩を乗り越えて山頂に挑む感じです。かつて山城があったとも言われていますから、昔から人々が注目する存在だったのだと思います。

低山トラベラー

大内征

Ouchi Sei

想定外の絶景や
文化的な
面白さがある
（大内征）

一方で霊仙山は琵琶湖や比叡山が望め、その向こうは京都です。伊吹山が隣にあります。

類　伊吹山は僕も登りました。

大内　伊吹山は行かれましたよね。琵琶湖から眺めると、霊仙山と伊吹山が並んで見えるんです。

類　登ってみてどうでしたか？

大内　石灰岩のカルスト地形で白い岩が羊のように広がっている。花の季節もよくて、花の百名山にもなっています。地元出身の霊仙という僧侶が、中国で仏教の重要な根幹を極めた日本唯一の三蔵法師となり、その名を由来としたそうです。ふたつの「りょうぜん」は、それぞれ信仰と密接な文化的な山でありながら眺めも最高。ぜひ類さんに歩いていただきたい山です。

類　素晴らしいですね。いろんな発見がありそうです。

　僕は東京の高尾山や札幌の藻岩《もいわ》山《やま》に通っていますが、兵庫の六甲山、大阪の金剛山、福岡の宝満山などで毎日登っている方に出会いました。

大内　毎日登る、という意味では、私も類さんに何度も登ってほしい山があります。岡山の王子が岳、宮城の金華山です。

類　その2座にはそれだけ足を運びたくなる魅力があるということですね。

大内　はい。まず王子が岳は稜線に出ると、海を見下ろす特徴的な巨岩がたくさんあって、それを巡るのが楽しい。瀬戸内海の多島美と四国も望めます。

類　そこは夕陽もきれいでしょうね。

大内　そうなんです、ここの夕陽は本当に素晴らしいですね。下山のときは暗くなるため経験者がいると心強いのですが、じつは登山者以外も夕陽を見に来ます。

類　それはなぜですか？

大内　山の上まで車で来られるのです。だから、夕陽を楽しむ地元の方もたくさん来る山です。

　もう一つの金華山は我が故郷・宮城の海に浮かぶ島です。

類　これは行ったのですが、残念ながら波が高くて船が出なかったんですよ。

大内　島の最高地点はおよそ４４５ｍで、山頂近くの展望台から奥羽山脈を見渡せます。福島の安達太良山をはじめ、蔵王や船《ふな》形山《がたやま》、仙台方面までよく見える絶景の山です。江戸時代のころには「3年連続お参りするとお金に困らない」という民間信仰で大いに賑わったそうです。何度も山に登る理由は人それぞれですが、こういう風な信仰登山によって繰り返し山に登るというのも、低山らしさだと思います。

類　これはぜひ行ってみたいと思います（笑）。楽しみ方は人それぞれですが、歴史や物語に出合えるのも低山の楽しさですね。

大内　登ってみて想定以上だった、想定外だったという面白さが、山に行く理由の一つかもしれませんね。では、私が好きな物語のある山をご紹介します。

　一つ目は岡山の和気アルプスという、いわゆるご当地アルプスのひとつ。地元の人たちが再発見・再評価をして山を歩く楽しみ方を作っている山です。

類　それはどういうことでしょうか？

大内　ここを登っていくと「和気富士」という郷土の富士山があるのです。その先には「穂高」や「涸沢」と名付けられた山があったり。鞍部をたどるとキレット、さらにはザイテングラードという言葉が出てきたり。まさに北アルプスとか富士山のような日本を代表する山々の名称が、地元の方々によってプレートに書かれています。

類　神奈川の大平山が「鎌倉アルプス」

と呼ばれるように、アルプスを作って楽しんでるってことですね。

大内　そうです。ほんとうに山好きな方々が地元にいて、自分たちのまちを面白がろう、山を楽しもうという気持ちが感じられ、すごく楽しかった思い出があります。

そしてもう一つは香川の紫雲出山《しうでやま》。荘内半島に飛び出した低山です。

類　多島美が楽しめますか？

大内　見ての通りの、本当に「多島美」ですよ。瀬戸内海に浮かぶ島々の眺めが本当に美しいのですが、じつは紫雲出山から下ったところに「物語」があります。

類　下った時？

大内　そうなんです。下ると、麓のそこかしこに浦島太郎にまつわる話があるのです。例えば玉手箱を開けた海辺に「箱浦」という地名があったり、そもそも「紫雲出」という漢字も紫の雲ですから、玉手箱から雲が出てきて山を覆ったことを想像させる山の名前ですよね。そういう日本昔ばなしを楽しみながら歩けるのがこの山の良さです。

類　今も物語が続いているようですね。

大内　和気アルプスのように、現代の登山者が楽しむエピソードもあれば、昔から伝わる民話や神話もある。いろいろな物語があるのが、低山らしさだなあと思います。

類　いやいや、なるほど。お話から色々と低山の魅力を確認することができました。このお酒も美味しかった。じゃあ、もうちょっとこの辺を飲み歩きに行きましょうか。

大内　ぜひお願いします！

ロケ地／のいえ　東京都新宿区神楽坂6-23

大内征

低山に秘められた歴史・伝承を巡り、日本各地を旅する低山トラベラー。独自の登山スタイルを探求しながら、メディアや講座を通じて新たな山の魅力を発信している。NHKラジオ深夜便「旅の達人～低い山を目指せ！」出演のほか、著書に『低山トラベル　とっておきの低山30座の山旅ガイド』（二見書房）などがある。

エリア四

近畿

四角い岩が奇跡的なバランスで保たれている地蔵岩

三重県

御《ご》在《ざい》所《しょ》山《やま》

若殿様も楽しんだ神様がおわす山

まだ山が猟師か修行僧の活動の場だった頃、菰野《こもの》藩主・土方雄興《ひじかたかつおき》は御在所山に楽しみのために登った。雄興だけでなく、遥か昔には、天照大神を鎮座すべき場所として、この山を訪れたのは倭姫《やまとひめの》命《みこと》。古くから親しまれてきた山だけに、現在では三重県一の登山客数を誇るほどになっている。

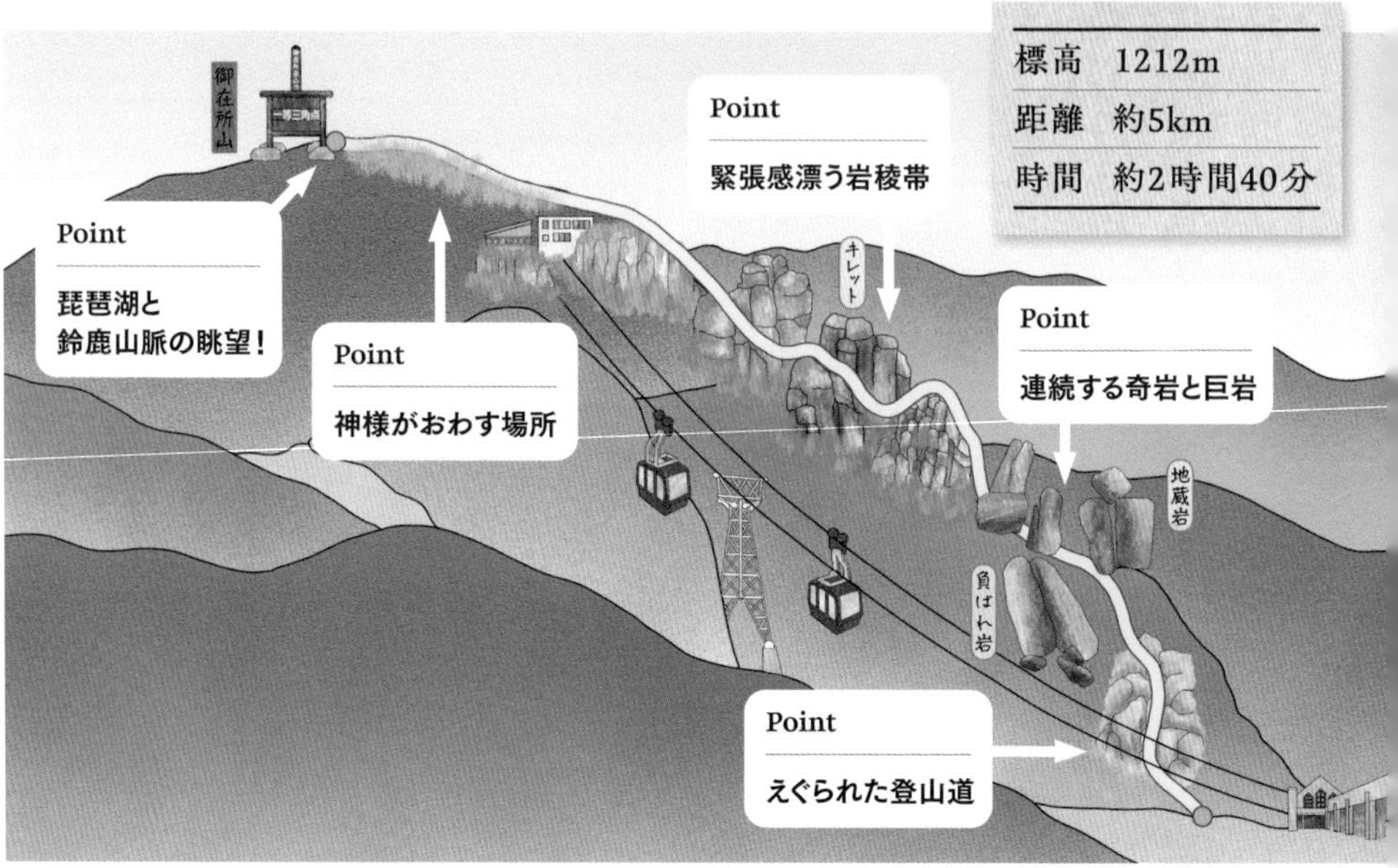

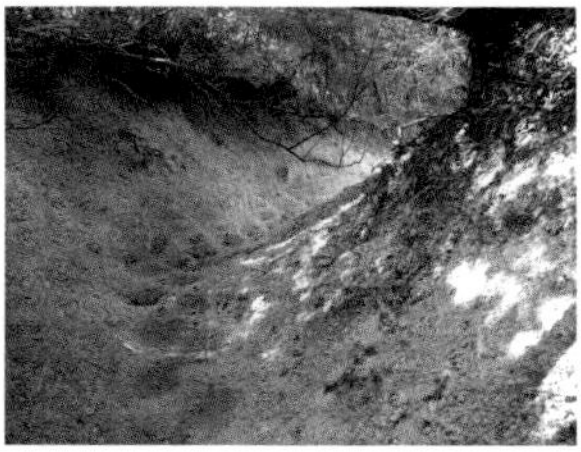

右／多くの人が歩いてきたことを窺わせる登山道　中／岩がもう一方の岩をおんぶしているように見える「負《お》ばれ岩」　左／登山道がのびる切り立った断崖に紅葉が映える

三重県民が愛する鈴鹿山脈の名峰で絶景を楽しむ

三重県と滋賀県を隔てる鈴鹿山脈。主な山々は鈴鹿セブンマウンテンとも呼ばれ、中京圏のハイカーに人気だ。なかでも存在感と人気の上で主峰とも言えるのが御在所山。山頂まではロープウエイが通じ、また頂上公園として整備され、気軽に眺望と自然が楽しめる。登山ルートも豊富でレベルに合わせたコース選びができる。今回は定番の中道登山道を行き、圧巻の奇岩群に触れつつ、緊張感漂うキレットなど難所を越え山頂を目指す。

日本一の高さを誇る御在所ロープウエイの6号支柱

登山口～地蔵岩

先人の足跡が残る岩肌の登山道を進む

日本二百名山、関西百名山などに選ばれ、その人気をうかがわせる御在所山。鈴鹿山脈の中心に座し、麓から見る姿も堂々たる佇まい。それだけに昔から見る人の登山欲を刺激するのだろうか。江戸時代の地元菰野の漢詩人・伊藤冠峰《いとうかんぽう》はこの山に登り、詩を残した。**上在降誕台　天孫昔所産　万古霊気堆**（山頂に降誕台がある。ここは神様の子孫が生まれたところ。永久に霊気が漂う）。御在所とはその名の通り、神のいる場所。古の詩人も見たであろうその場所を、酒場詩人はどんな視点で詠むのだろうか。

花崗岩がえぐられた急登の登山道を進む

　登山口から急登が始まる。最初は石段が続き、その後、切通《きりとおし》のようにえぐられた岩の道へと変化する。岩にはちょうど足が収まる凹みがあり、歩幅さえ合えば歩きにくいことはない。

　御在所山を主に成すのは、風化や侵食されやすい花崗岩。岩にできた足置き場のような凹みは、それだけ何人もの登山客が通ってきたということ。

　開けた場所で空を見上げればロープウエイが通る。類さんが乗客に手を振るが、残念ながら気付く人はない。ロープウエイなら、わずか12分で山頂にたどり着けるが、歩いて登ることで出会える発見もある。

「こりゃ～見事ですね！」と四合目付近で類さんが舌を巻いたのが、２枚の巨岩がお互いに支え合うように立つ「負ばれ岩」。「ここは岩がすごいね」。不思議な岩の造形美が急登の疲れを忘れさせてくれる。

森のなかに目を向けると巨岩がいくつも横たわる

Column

ロープウエイの白鉄塔

1959（昭和34）年に開業した御在所ロープウエイ。御在所山を麓から見ると、中腹（943m付近）で一際目立つ存在として立っているのが、ケーブルを支える6号支柱だ。開業当時は緑色だったが1964（昭和39）年に白に塗り替えられ、より目立つようになった。高さは61mあり開業当時は世界一。現在でも日本一の高さを誇る。鉄塔を支える土台部分は畳85帖分の広さがある。御在所山を象徴する構造物のひとつだ。

殿様も肝を冷やしたキレットの難所に挑む

「これは短い歩幅じゃ登れないですよ」。えぐられた岩場には、全て都合よく歩幅に合わせて足置き場があるわけではない。手を伸ばし、足を高くあげて、へばりつくようにして登る。人気の山とはいえ、なかなか手強い。

五合目にある展望所の岩に立ち眼下を望む

この険しい道に難渋していたのは先人たちも同じ。江戸時代の菰野藩藩主・土方雄興が残した登山記『おく山ふみ』にはこう記した。「そこは本当に道もなかった。木にすがり草に取り付き這い上がる。耐え難い苦しさに喘ぎ喘ぎ、負けじ魂を発揮して登った」。現在より道も悪く、快適なギアもない当時の苦労はいかほどだったろうか。

木々の間に、再び巨岩が現れた。2本の柱のような巨岩の上に、立方体の岩が絶妙なバランスでのる地蔵岩だ。もともとは一つの花崗岩の小さなひびの侵食で2本の柱となり、一方の先端が割れ落ち、奇跡的にのったと考えられる。その岩が「決して落ちない」ことから、受験生の願掛けスポットとして知られる。「いや～楽しいね」。類さんもしばし神秘の岩の造形を見入って息を整える。

出発から1時間20分。六合目付近までやってきた。今回のコースの中で最難関と言われるキレットだ。キレットとは尾根がくぼんだ鞍部《あんぶ》のことを指し、多くの山で注意を要する難所が多い。御在所山のキレットも落差の大きい急斜面の下りに、大小の岩が露出する。「うわ！ここを行くのですか？」とひるむ同行者をよそに、先行して降りていく類さん。時には鎖を使い、しっかりと足場を確認しつつ、小刻みに下る

ここでみつけた

鎌ヶ岳

登山道から鈴鹿セブンマウンテンのひとつ、鎌ヶ岳（標高1161m）の均整の取れた山容が見える。

ハイシーズンになると渋滞も起こるキレットを慎重に下る

ことで難所をクリア。後に続いた同行者を笑顔で迎えたその額に、うっすら滲む汗は、おそらく冷や汗だろう。

ここから山頂までは約1時間。しかし岩の急登は益々険しさを増していく。「凄すぎて首が痛くなりますね」。見上げるほどの急斜面に、類さんは気合いを入れ直した。

晴れたら富士山が見えるという富士見岩

キレット〜山頂

神様が降り立つなだらかな頂へのアプローチ

急登の先には切り立った岩壁。一歩踏み外せば谷底へ真っ逆さまだ。気の抜けない道が続く。一方で色づきはじめた木々が、アクセントとなって岩壁を彩り、眼下の山並みと共に見事な絵画となって展開する。

山頂直下の草原は、冬にはスキー場になる

山頂に広がる広場に出た。一転して視界が開け、なだらかな草原だ。「ここならたしかに神が降りてくるという表現にぴったりですね」。

遥か昔、天照大神が鎮座すべき場所としてこの場所に仮宮《かりみや》が建てられたという。それが山名の由来にもなった。その話を聞いた類さんが一言。「そうでございしょ？」。霊気ならぬ冷気が一瞬漂う。

草原を越え、山頂標が立つ三角点を経由し展望所へ。山並みの奥に琵琶湖の湖面が輝く。反対へ目を転じれば、四日市市街地の先に伊勢湾が広がる。「全部見渡せるから、神様がいることの象徴になるわけだ」。この風景が神様に選ばれた理由を教えてくれた。

Column

山好き藩主の和歌と山名の由来の伝説

1820（文政３）年、菰野藩藩主・土方雄興は22歳の時に御在所山に登った。その登山記には、負ばれ岩や地蔵岩に驚き、岩の上で燗酒を楽しんだことが記されている。また雄興は紅葉の御在所山で和歌を詠った。「山姫のその廣機にいくちむら織りてかけたる錦なるらん」。山姫とは垂仁天皇《すいにんてんのう》の娘・倭姫命を指す。約2000年前、倭姫命は天照大神の鎮座すべき場所を求めて各地を巡り、途中御在所山に立ち寄り、この山に仮宮を建てたとされる。

山頂近くの展望所から四日市方面を望む

類さんの一句

空澄みて
巨石支ふる
小枝かな

空澄みて＝秋の季語。
句意：山頂直下の巨大な岩稜は宇宙人が彫刻したかに思う。サイコロ状の石を載せた「地蔵岩」や、おんぶしたような「負ばれ岩」に驚くことしきり。この「負ばれ岩」をはじめいくつかの巨岩のつっかえ棒として小枝が添えられていた。この登山者たちのユーモアをヒントに詠んだ一句。視点は、空・巨石・小枝とズームする。

登り始めてほどなくしてある巨岩には、支えるように小枝が添えられてある

御在所山へのアクセス

中道登山口駐車場へは、公共交通機関の場合、近鉄湯の山温泉駅からバス「湯の山温泉・御在所ロープウエイ前」行き乗車、終点下車。徒歩約40分。車の場合、菰野ICを降り御在所ロープウエイ方面へ。その後国道477号を進み現地。無料駐車場あり。

類'sインプレッション

山頂から遥か遠くに霞むまで山並みが眺められるとは思ってもみませんでした。そしてあの岩の造形は、別の惑星に降り立った感覚すら覚えました。御在所山の名前の由来が分かったような気がします。

下山の後のお楽しみ
～トンテキ～

四日市の工業地帯で働く人々がスタミナをつけるために考案されたトンテキ。厚切りの豚肉をニンニクと甘辛いタレで香ばしく焼き上げた。食感は見た目以上に柔らかで、ジューシーな味わいが楽しめる。合わせるのは**安達本家酒造「本醸造 とんてきに合うお酒 山廃仕込み」**。酸味とスッキリした旨味でトンテキの濃厚な味わいを引き立てる。

店舗名	まつもとの来来憲
住所	三重県四日市市松本2-7-24
TEL	059-353-0748

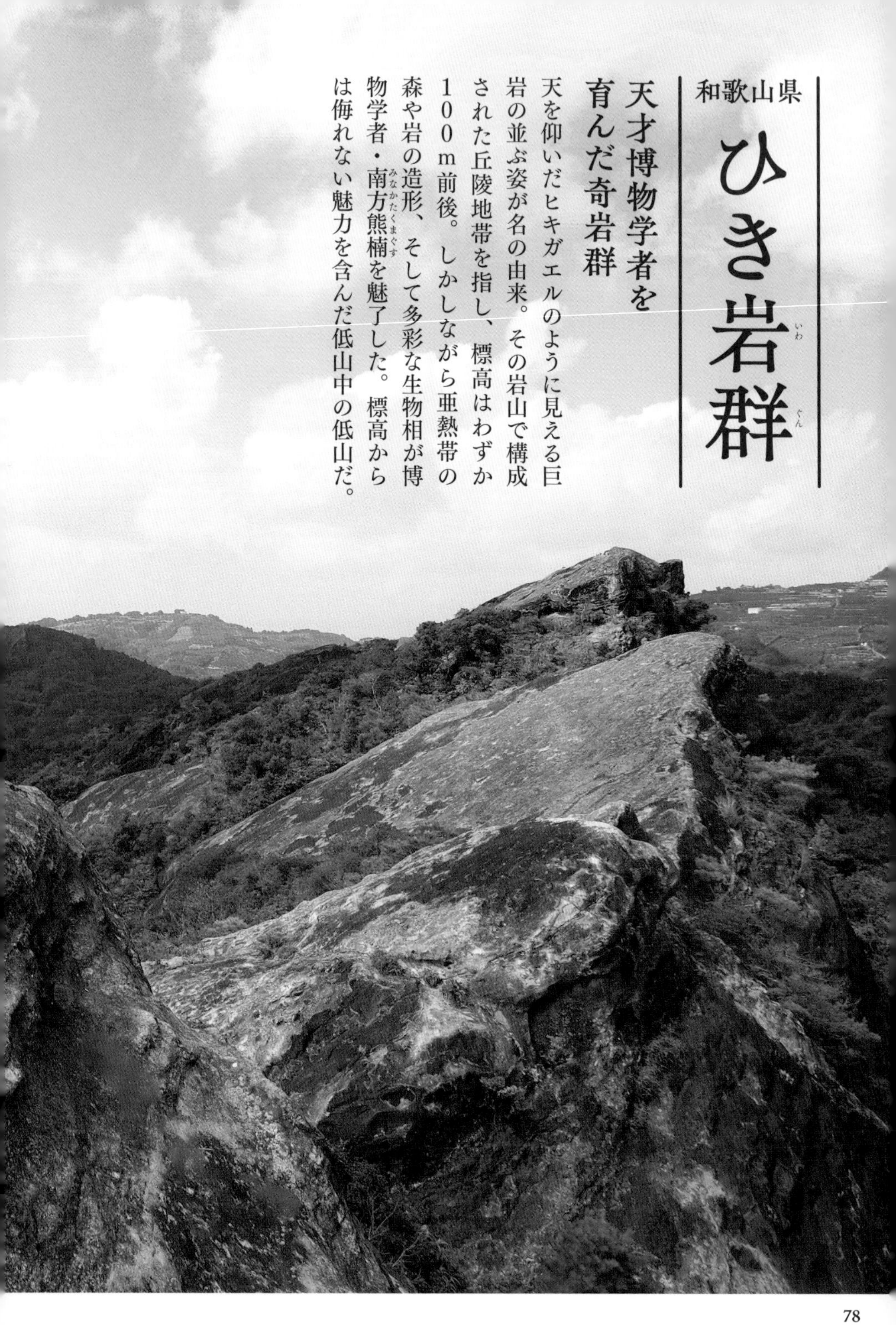

和歌山県

ひき岩《いわ》群《ぐん》

天才博物学者を育んだ奇岩群

天を仰いだヒキガエルのように見える巨岩の並ぶ姿が名の由来。その岩山で構成された丘陵地帯を指し、標高はわずか100m前後。しかしながら亜熱帯の森や岩の造形、そして多彩な生物相が博物学者・南方熊楠《みなかたくまぐす》を魅了した。標高からは侮れない魅力を含んだ低山中の低山だ。

79　ゴール地点の第二展望地にて。標高以上の迫力がある

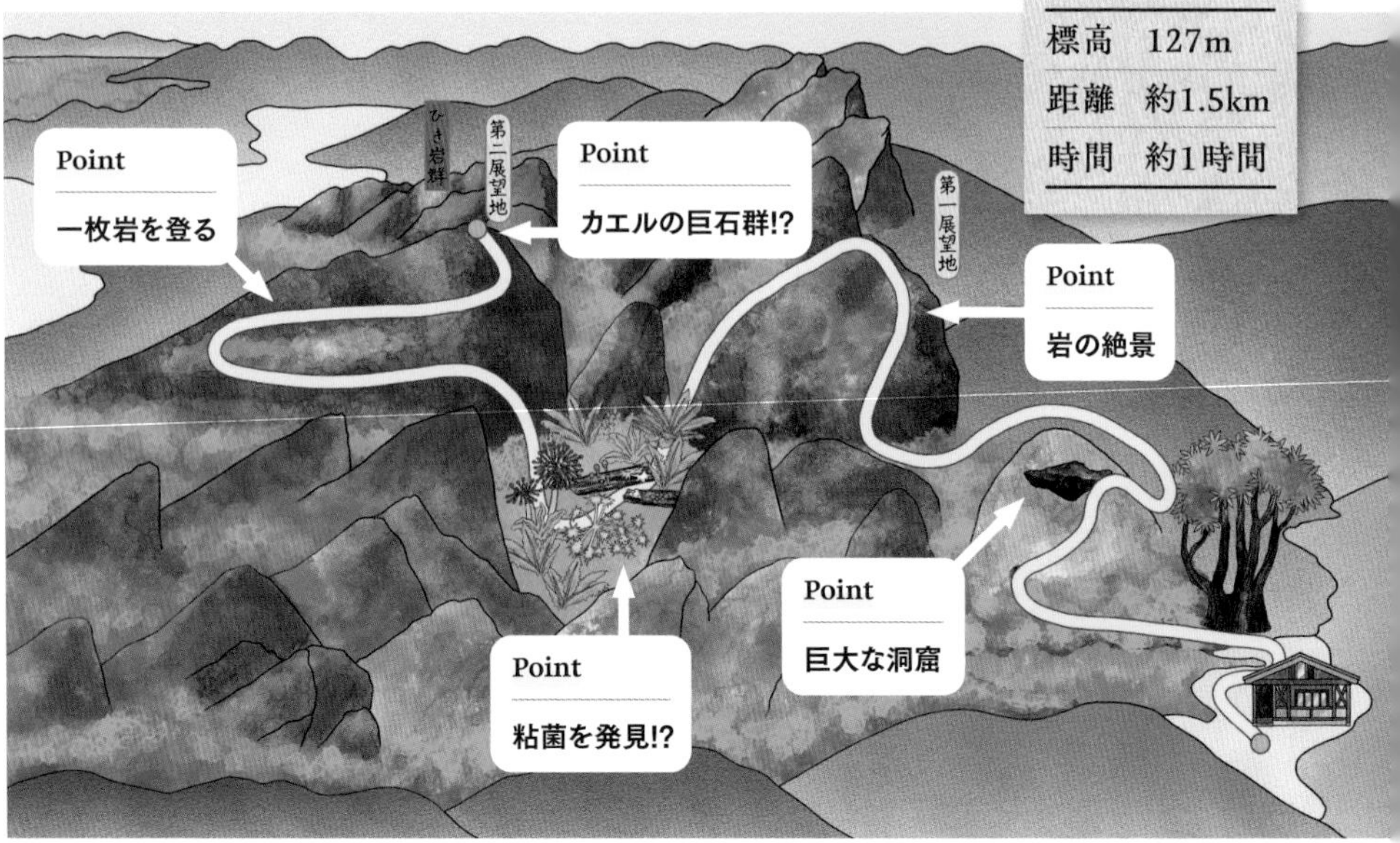

右／第一展望地に立つ類さん。「象の背」と呼ばれる奇岩が望める　中／第二展望地近くの分岐から見える「獅子岩」　左／粘菌であるトゲケホコリの変形体

奇岩群と生物相の自然観察が楽しめるユニークな景勝地

世界遺産・熊野古道のほど近くにある。菌類などの先駆的な研究で知られる南方熊楠もフィールドとして足を運んだ。東西1.5km先、南北1kmにわたり80～150mの岩山が並ぶ丘陵地は、国立公園に指定され、ハイキングコースが整備されている。今回はふるさと自然公園センターをスタートし、まず第一展望地から全貌を望む。その後、一旦下り、薄暗い森の中で粘菌を探索。ゴールの第二展望地では、山名の由来となった圧巻の風景を目の当たりにする。

第一展望地から第二展望地方面を望む

登山口～第一展望地

変化に富む地形がスピード感を持って展開する

和歌山県南部の田辺市を訪れたのは9月。温暖多雨なエリアだけに、登山前日も雨だったが、当日は晴れ。残暑のまとわりつくような湿気が漂う。低山登山には向かないが、湿気を好む粘菌を見つけるには好条件ではある。

洞窟内は手で触ると崩れるほど柔らかい地層になっている

登り始めは岩口池に沿った森の中の緩やかな道を行く。ほどなくして斜度は増し、早くも汗が滲む。開けた場所に出ると、その先にこんもりとした岩峰が横たわる。「結構巨大、大きいですね！」と類さんも目を見張る。ひき岩群一帯は、南側はなだらか、北側は垂直に近い岩壁の地形をなす。ただここから望む風景からは、その特徴はつかめない。

引き続き森の中を歩いていくと、岩壁の上部に口を開いた洞窟が現れた。そこへ導くように、岩を削った足場が続いている。岩壁はほぼ垂直。同行者が軽い足取りで登れば、類さんの対抗心に火が付く。こうなればスタッフの「無理しないでください」という声は耳には届かない。

プルプルと足を震わせつつ、岩壁を登る類さん。なんとか無事に洞窟へ辿り着き、下にいるスタッフにご満悦の笑み。一同ほっと胸をなでおろす。

この洞窟は脆い地層が崩れたことによりできた。ひき岩群の特徴的な地形は、この地質によることが大きい。

洞窟の先にある狭く急な岩の階段を登れば第一展望地。３６０度の展望の手前には、巨岩群が連なり異世界の眺望が広がっていた。

Column

ヒキガエルに見える!? 日本でも数少ない地形

ひき岩群の地質は、約1500万年前、海底の砂や砂利などが堆積してできた砂岩、泥岩、礫岩で構成されている。これらが地殻変動により南北方向へ30度ほど傾き隆起。その後、風化や侵食が進み、硬い部分だけが波打つような岩山として残った。これは日本では珍しいケスタ地形と呼ばれる。また傾斜した岩の並ぶ姿が、ヒキガエルの背中に見えることが名前の由来となった。

低山ながら見上げるほどの急斜面もある

第一展望地〜第二展望地

暗がりで粘菌と、明るい頂でヒキガエルと出会う

第一展望地からコースは下りとなり、再び森の中へと入っていく。周囲はシダ類が生い茂り、まさに亜熱帯の森。日が差さず足場は湿り、先ほどの爽快な展望地とは全く異質な湿地帯となった。「(粘菌を)見てみたいな」と足を止め周囲の朽木を凝視する類さん。「これだ!」。類さんが手に取った朽木になにやら白い物体が。ガイドによるとトゲケホコリという粘菌らしい。粘菌やこの森の中に生息するモウセンゴケなどの食虫植物は、博物学者・南方熊楠も魅了した。

湿地帯を抜け、第二展望地を目指す。岩が日差しを照り返し、容赦のない暑さ。ゴールが間近ゆえに耐えるしかない。

「グランドキャニオンのミニチュア版!」。凄いのか凄くないのか判断つきかねるが、何かに例えたくなるほどの絶景が展開する第二展望地に立つ。「三匹のカエルなんだ!」。岩また岩の風景の中に、ヒキガエルの姿をした巨岩が類さんを歓迎していた。

第二展望地直前の一枚岩の急登を登る

トゲケホコリの粘菌を発見し笑顔の類さん

Column

南方熊楠が愛したひき岩群の自然

和歌山出身の世界的博物学者・南方熊楠。晩年は田辺市で過ごし、ひき岩群にも通った。江戸時代、ひき岩群周辺は製塩が盛んで、木々は海水を沸かす燃料のために伐採され、岩がむき出しになった。一方で崩れやすい地層に雨水が染み込み、下部に湿地帯をつくった。その結果、乾燥と湿潤のそれぞれを好む植物が生息する多様な植生が生まれた。ここに魅了された熊楠は、植物学者・牧野富太郎にも手紙で紹介している。

類さんの一句

蟇岩《ひきいわ》の じりじり迫る 秋日《あきび》かな

秋日＝秋の季語。

ひき岩には“蟇蛙《ひきがえる》”から「蟇岩」の字を当てた。

句意：ひき岩群登山の当日は砂岩の照り返しと日影のない強烈な日差しで、燃える暑さだった。ひき岩の頂上から眺めると、蟇蛙の横顔そっくりの岩塊が３つ並んでいる。青空の下みな同じ方を仰ぐ姿はなんとも不思議でユーモラス。この時の驚きが句作モチーフとなった。

第二展望地から見える巨岩は天を仰ぐヒキガエルに見える

ひき岩群へのアクセス

登山口となるふるさと自然公園センターへは、公共交通機関の場合、JR紀伊田辺駅から龍神バス「龍神線」に乗車。「矢はぎ」バス停下車後、徒歩15分。車の場合、南紀田辺ICを降り国道42号を白浜方面へ。途中県道208号を上芳養《かみはや》方面へ進み、県道35号を経由して現地。無料駐車場あり。

類'sインプレッション

暑さの中の登山だけに、低いけれどそう簡単じゃない山でした。だけど、汗を流さないと見えない風景に出合えました。そして低さを感じさせない高度感に驚きました。また名前の由来となった巨岩は、まさにヒキガエルでした。

下山の後のお楽しみ ～イサキ～

和歌山沖で獲れ、大きいものでは50cm近くにもなる白身魚。刺し身や塩焼きが定番だが、今回は田辺湾で揚がった新鮮なものを、ごま油であえて塩で味わう。ほのかに香る磯の風味とぷりぷりの食感が楽しめる。熊野米を100%使用し、やや辛口でスッキリとした味に仕上げた**堀忠商店「純米吟醸酒 闘の葵 交」**を合わせていただく。

店舗名	酒菜処 sushihide
住所	和歌山県田辺市湊9-15
TEL	0739-34-2613

大阪府

妙《みょう》見《けん》山《さん》

上方文化を支えたパワースポット

平安時代から人の営みがある里山に座する妙見山。大都市近郊でありながら、ブナ林を有し、古くから森が守られてきたことが分かる。森が生み出す恵みと、頂にある日蓮宗の寺院・能勢妙見山は、上方文化になくてはならない存在だった。

キノコが多い登山道。アカマツらしき木の下でマツタケを探す

標高	660m
距離	約2.5km
時間	約1時間30分

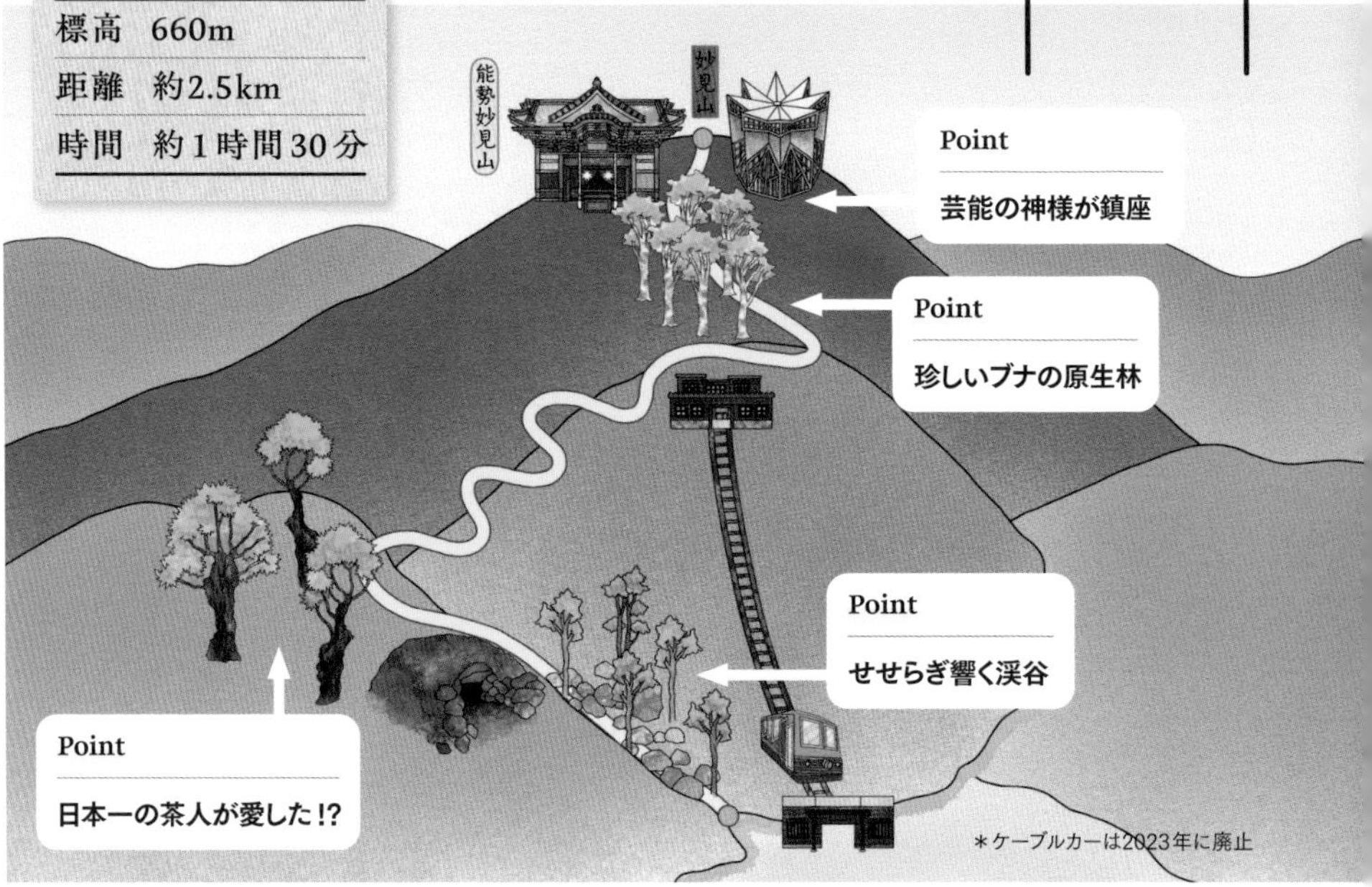

信仰の山ながら自然も満喫できる関西屈指の人気峰

地元で「妙見さん」と親しまれる人気の山。起点の妙見口駅は、能勢妙見山への参拝客輸送を目的に設置されたが、今はハイカーの利用が目に付く。駅からいくつかのコースがのび、体力に合わせた楽しみ方ができる。２０２３年にケーブルカー、リフトが廃止となったものの、車でも山頂へ行ける。大堂越《おおどうごえ》コースは、その軌道沿いに進み、炭焼き窯跡やクヌギの森を抜け、ブナが息づく山頂を目指す。里山の営みと希少な自然、そして信仰の歴史が体感できる。

人と自然の共生が生み出した豊かな森へ

大阪最北の終着駅であり、どこか鄙びた雰囲気の能勢電鉄妙見口駅。それでも電車が到着するたびに、山装備のハイカーたちを吐き出す。類さんを見つけた彼ら数人と記念撮影もおなじみの風景となった。

幹を切り、そこから生える新芽を10年間育てる台場クヌギ

本格的な登山開始はケーブル黒川駅から。ロケ時は廃止前ながら、運休日につき静かだ。停車中のケーブルカーを横目に森へと入れば、せせらぎが響く。大阪の中心部から一時間もかからず着く場所とは思えない自然が広がる。

同行者が石組みを見つける。「炭焼き窯の跡ですね」と即答する類さん。これまでの低山でもよく目にした遺構だ。ただしこの山の木炭は一味違うらしい。

しばらくするとにわかに空が開け、ずんぐりした奇妙な木が散在する斜面に出た。これは台場クヌギと呼ばれ、茶の湯に使われる高級木炭の原料。「これでお茶の味も変わるのでしょうかね？」との同行者の問いに「変わると思います」と応える類さん。違いの分かる大人は酒もお茶も利ける。

ここから、植林されたスギ林と天然林が左右にはっきりと分かれる森へと入る。江戸時代からこの山の木々は生活燃料にも使われ、上方の文化と暮らしを支えてきたのだ。

ここでみえる

炭焼き窯跡

昭和30年代まで使っていた窯跡。近くの銅山の精鉱のために、製炭法が発達した。

Column

千利休も秀吉も愛した台場クヌギの菊炭

当初は精鉱のために火力の強さが重宝されたが、後世になり、茶の湯の炭にも適しているとして、全国に出荷されるようになった妙見山のクヌギ炭。断面の模様が菊のように見えることから「菊炭」とも呼ばれた。火付き、香り、燃焼力が良く、燃焼後も形くずれせず美しいことから、千利休や豊臣秀吉にも愛用されたと言われる。

大堂越～山頂

唯一無二のブナ林とスターも崇めた神との出会い

スギ林の急登に手を焼きながらも、山頂への分岐点となる大堂越に至る。ここを右へと進めば山頂だ。ただし、つづら折りの厳しい上りがさらに続く。

ふと、類さんが松の木の下で立ち止まる。「これがアカマツだったらマツタケが採れるのだけど…」。これまでも、ロケで何度かアカマツの森を探索したが、見つかった例はない。ご多分に漏れず、今回も発見するのはオニテングタケなど毒キノコばかり。

笹原を抜けると道は広がり、歩きやすくなる。いよいよ神域に入り、山頂が近づいてきた予感がする。ところがここであえて道を逸れ、貴重な森へ特別に案内してもらうことにする。

妙見山本殿の直下にある柵に囲まれた森は、大阪では珍しいブナが息づく。なかには樹齢５００年を超える巨木もある。本来、標高の高い場所に生息するブナ。妙見山は日本海からの冷たい風の抜け道に位置しているため、日本南限に近いブナ林が成立した。しかも奈良時代から聖域と崇められていたこともあり、伐採を免れた。「僕が一番好きな木がブナなんです」。大阪でのブナとの邂逅に類さんも目を細める。

芸能の神が祀られている本殿に向かい、登山の無事の報告と何かを祈願した様子の類さん。山頂はすぐそこだ。

展望台には星をかたどった印象的な信徒会館が建つ。目を転じれば、大阪市街から六甲山まで眺望できる。一息つき、類さんに何を願ったかを尋ねてみた。「愛猫が芸能界入りできますように」。その願いは通じるだろうか。

ブナ林には周囲2m以上のブナが100本以上ある

この窓から北極星が見える能勢妙見山の絵馬堂

Column

北極星が本尊!?
芸能の神の謂れ

能勢妙見山の本尊の妙見大菩薩は、北極星を神格化したもの。「不動の星」として中国で宗教と結びつき、妙見信仰として日本に伝わった。妙見山に星の王様が降りてきたとの伝説もあり、星見の名所でもあった。動かない北極星は、「一つのことを極める人に道を指ししめす」ことに通じ、文化や芸能に関わる人々から信仰されてきた。

類さんの一句

逆《さか》しまに巨《きょ》樹《じゅ》の眠れる霧《きり》雫《しずく》

霧雫＝霧のしずく。秋の季語。
句意：妙見山のブナの巨樹が根ごと倒れていた。樹齢三百年を超える壮大さに句作ヒントを得た。伐ったり、撤去されることなく、自然のままに土へ返ってほしい。折からの秋雨は命の恵みだろう。

本殿直下のブナ林は約1万年前の氷河期から続いていると言われる

妙見山へのアクセス

登山口の能勢電鉄妙見口駅へは、公共交通機関の場合、能勢電鉄妙見線の終点下車。

車の場合、大阪方面からは、池田木部《いけだきべ》ICを降り、国道173号を能勢方面へ。途中国道477号を経由し、「妙見口駅」の標識に従い現地。有料駐車場あり。

類'sインプレッション

妙見というのは、仏教用語で「今まで見えなかったものが見える」ということ。登ったことでこの山の真理が見えてきたような気がします。また大阪でありながら、大好きなブナと出合えたことも素晴らしかったです。

下山の後のお楽しみ
～能勢牛ホルモン焼き～

大阪が発祥と言われるホルモン焼き。「放るもん（捨てるもの）」が語源の一つとも。今回は、能勢町の牧場で育てられた能勢黒牛の新鮮なホルモンを堪能する。香ばしく焼いたホルモンは、歯ごたえと旨味がしっかりと楽しめる。合わせるのは地酒**「秋鹿 純米 生囲い」**。スッキリと切れ味ある口当たりで、ホルモンの脂にさっぱりと寄り添う。

店舗名	焼肉 ホルモン　新橋亭
住所	大阪府豊能郡能勢町平野124-1
TEL	072-734-0100

京都府

大文字山《だいもんじやま》

送り火に秘めた都人の思いを見る

京都のまちの東側を南北へと連なる山々。いわゆる「東山」と呼ばれ、比叡山と共に大文字山も存在感を放つ。都のシンボルとも言えるこの山麓には名刹が集中する。大文字山の送り火と社寺が古より紡いできたものは何だったのだろうか。

大文字山の稜線沿いにはコバノミツバツツジが出迎える

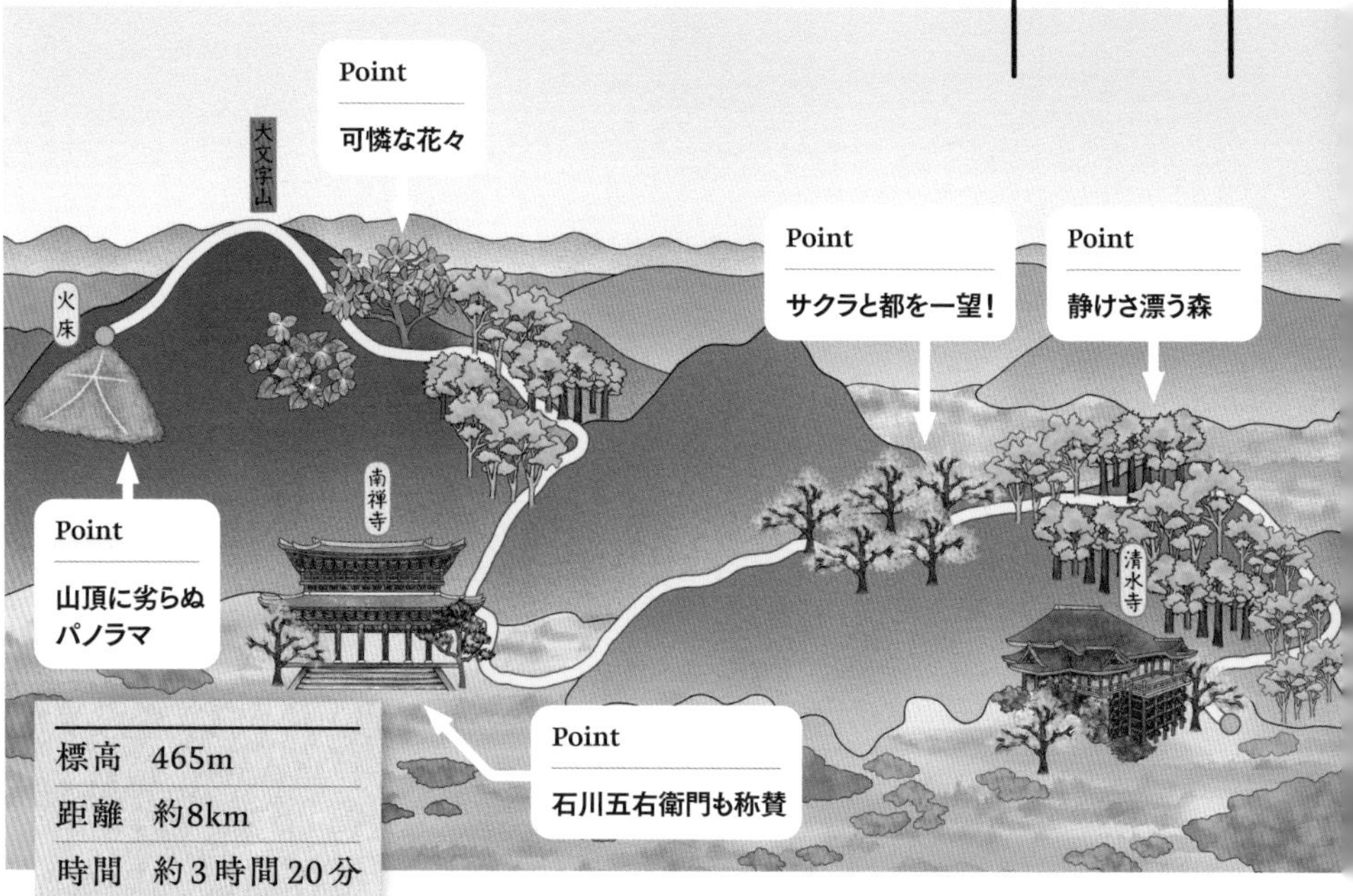

標高	465m
距離	約8km
時間	約3時間20分

観光名所から外れ豊かな森歩きと眺望を独り占め

南北約12㎞にわたり、なだらかな稜線を描く東山。その峰々は「東山三十六峰」と称される。毎年行われるお盆の送り火はあまりに有名。一般的には銀閣寺から登るのが人気だが、今回は南にある清水寺からスタート。静かな森へと入り、京都を見下ろす将軍塚の展望台へ立ち寄る。一旦山を下り、再び南禅寺から登り、稜線沿いに山頂へ。最終目的地は、その先にある大文字の火床。なぜここから送り火は点火されるのか。山を歩き、まちを眺め、探っていく。

観光客の賑わいの裏にある東山の成り立ちに触れる

20m四方の将軍塚は満開のサクラに囲まれていた

祇園、先斗《ぽんと》町など、なじみの飲み屋街があり、「京都は相当詳しい」と豪語する類さんなれど、京都の山はさほどなじみがない。「絵葉書で見る場所に、そういう歴史があったのですね！」。まずは清水寺での小さな発見。

それは東山には平安時代の貴人の墓陵が数多く存在し、この山が生者と死者を繋ぐ聖地だったこと。今や名だたる神社仏閣があるのも、その歴史があったからだ。

「ぜんぜん違うところに来たみたい！」。次の発見は、観光客で賑わう清水寺から一歩入った森。人はほぼいなくなり、静かに森歩きが楽しめる。

歩くこと40分。将軍塚の展望台を囲むサクラと京都の眺望で三度目の発見。八世紀末、桓武天皇がこの風景を眺め平安京遷都を決めたという。つまり東山は生命の終焉の地でもあり、京都の始まりの地。でもなぜ東山なのか。

「東から太陽が昇ってくる。生命が再生するという意味にかけているのかも…」。東山の基本的な歴史は理解しても、まだ全容は解明できないようだ。

将軍塚から北を望むと、大文字山の横顔が見える。ここから一旦下り、南禅寺を経由して大文字山を目指す。

南禅寺の門前は、ソフトクリームを頬張る観光客で賑わう。類さんも思わず舌舐めずりするが、ここでは煩悩を断ち切り前へと進む。境内を抜ければ、凜とした空気の森に入り、静けさが戻ってきた。この周辺は修験道の修行の場でもあったという。

Column

今や華やかな東山はかつて都最大の葬送地

今でこそ華やかな雰囲気が漂う東山は、平安時代は弔いの場所。平安京は12～13万人の人口を擁し、死者の扱いが問題だった。その頃は遺体を朽ちるままにして、鳥が食べて処理する「風葬（鳥葬）」が主流。そのため遺体を都の外に追いやった。東山は適度な距離の場所だったため都最大の葬送地となり「鳥辺野《とりべの》」とも呼ばれていた。

京都盆地に沿うトレイルは花と信仰の歴史が彩る

スギの巨木が並ぶ森を登れば、稜線に合流する。しかしそれも上へ上へと続く。時に左手の木々の間から京都の市街地が顔を出す。

稜線を歩くこと40分ほど。「こんなところがあるなんて、誰も知らないだろうな」。今回は類さんも知らなかった京都の顔がいくつも現れ、意表を突かれているようだ。すれ違ったハイカーがこの先にある花を教えてくれる。ツツジやスミレなど、サクラ以外の花との出合いも楽しい。

大文字山から火床までのおよそ15分の下りが続く

春の彩を過ぎ、送り火の燃料となるアカマツに導かれ山頂へ。ここから一望する京都盆地は、将軍塚からとはまた違った様相に見える。ただし今回の最終目的地はさらにこの先。130mほど下った場所にある火床《ひどこ》だ。

周囲の木が刈り取られ、遮るものが何もない場所に出た。送り火の舞台となるこの火床からの眺望は、京都のまちが下から迫ってくるようだ。市内を取り囲む山々の全ても手に取るように確認できる。それは逆に、京都市内のどこからでも大文字山が見えるということも意味する。

つまり西を向いている大文字山の斜面は、西の彼方にある極楽の世界「西方浄土」へ、死者を送り出す位置にあると考えられてきた。送り火は東山に鎮められた魂が、迷わず極楽へ行くための道標の役割を果たしているという。

「なるほど!」。都人の亡き人に対する思いに類さんも打たれたようだった。その視線の先にある京都の姿は、春霞の中でほのかに桜色に染まっていた。

火床は75か所あり、写真は「大」の中心の火床

Column

送り火の形や順番も深い意味がある

京都の夏の風物詩・京都五山の送り火。大文字山の「大」に始まり、「妙・法」「船形」「左大文字」「鳥居形」の順番に点火される。精霊が東にある大文字山より出発し、妙法の読経により、鴨川を船で渡り、最後に西にある鳥居が点火することで、西方浄土へ向かう門（鳥居）が開く、という意味が込められているのだ。

類さんの一句

鳥《ちょう》瞰《かん》に
盗みて花の
大《おお》路《じ》かな

花＝春の季語。桜を指す。
句意：「鳥瞰に盗みて」とは、空を飛ぶ鳥の目線を借りる意。ドローンの意味も重ねた。将軍塚、あるいは大文字の火床からドローンで見る京の都は桜の花盛り。「大路」から桓武天皇の遷都した平安京を思う。「盗みて」は「花盗人」あるいは都の満開の桜に「絶景かな絶景かな」と南禅寺の山門で連呼した石川五右衛門からの類想でもある。

将軍塚の展望台から見る京都市内は、各所にサクラが咲いていた

大文字山へのアクセス

今回の登山口となる清水寺へは、公共交通機関の場合、JR京都駅、阪急京都河原町駅などからバスに乗車。各社バス停「五条坂」が最寄り。または京阪清水五条駅から徒歩約25分。

車の場合、京都南ICを降り、国道1号等を経由して現地。周辺の有料駐車場を利用。

類'sインプレッション

何度も足を運ぶ機会があった京都ですが、新しい発見の連続でした。特に大文字山の火床からの眺め。あの視点から京都を見下ろすのは新鮮でした。まさに西方浄土まで見晴るかせるような気持ちになりました。

下山の後のお楽しみ ～タケノコの木の芽和え～

白い身とエグみが少なく上品な味わいの「京たけのこ」。京都では独自の方法で栽培した良質の孟宗竹が収穫される。旬になると様々な料理でタケノコを味わう風習が古くから伝わる。木の芽和えは、茹でたタケノコをすりつぶした山椒の葉と味噌などと和えた一品。山椒の爽やかな香りとタケノコの心地よい歯ごたえが特徴だ。飽きのこない味わいで支持される伏見の酒**「玉乃光」**もよく進む。

店舗名	下鴨芹生
住所	京都市左京区下鴨西半木町82
TEL	075-721-5846

滋賀県

堂《どう》山《やま》

繁栄に身を捧げ再生目指す岩峰

「湖南《こなん》アルプス」の呼び名に違わぬ巨岩が聳える堂山。今は緑で覆われているが、かつては乱伐によりハゲ山となった。千年以上にわたり人々の繁栄に森を捧げた山は再生しつつある。歴史的遺産としての傷跡は独自の風景を生み出した。

ロープが張られた山頂直下の狭い岩場に挑む類さん

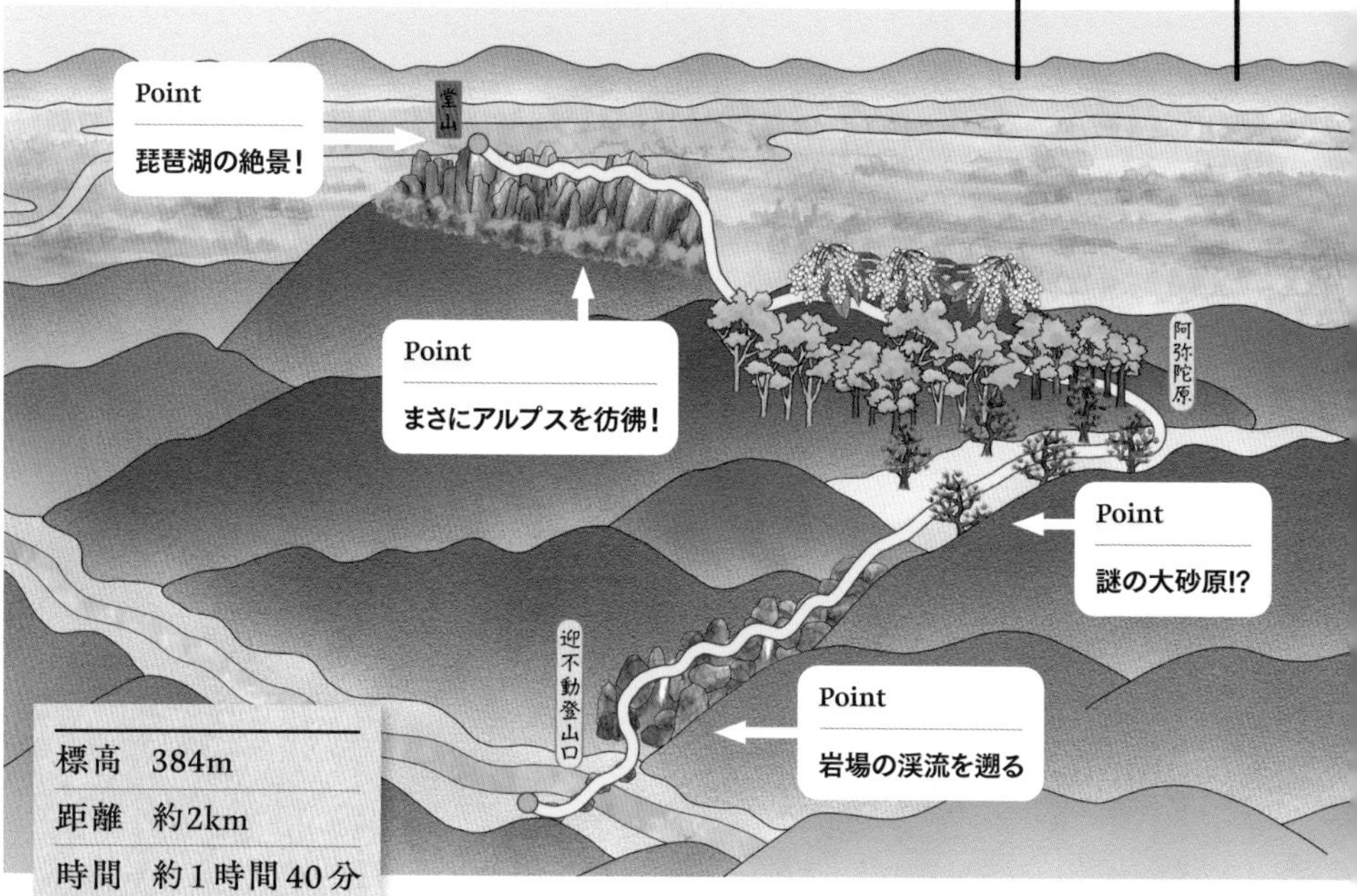

標高	384m
距離	約2km
時間	約1時間40分

侮れないスリルに万全で挑みたい湖南アルプス

「湖南アルプス」とは、堂山を含め、太神山《たなかみやま》、矢筈《やはず》ヶ《が》岳《だけ》、笹間《ささま》ヶ《が》岳《たけ》など、琵琶湖の南に連なる標高５００ｍ前後の山並みを指す。堂山はそのなかでも最も人里近くにある。それもあり、古くから人々の手が入り利用されてきた。コース途中で、その痕跡も目にすることができる。道は花崗岩が露出した渓流沿いにのび、渡渉《としょう》を繰り返す。滑りやすい岩場が多く、特に琵琶湖を望む山頂付近は急峻となる。低山といえども油断せずに万全の姿勢で望むべき好例の山だ。

登山口〜阿弥陀が原

山上に広がる謎の砂原が歴史を物語る

紫式部が『源氏物語』を起筆した伝承が残る石山寺《いしやまでら》。この古刹を詣でることから今回の登山は始まる。1300年近い歴史を持つ同院の本堂は、堂山の木を伐り出して建てられたと聞く。これほど堂山登山の安全祈願にふさわしい寺院はなかろう。なにせ事故が少なくない山としても知られる。

阿弥陀が原は奥行き350mにわたり続く、平坦な砂礫の広場だ

登山口は石山寺から車で20分ほど。そこには橋のない小川の先に、登山道らしき道がのびる。「あそこの飛び石を越えていけということでしょうね」。軽い足取りで類さんが最初の関門をこなし、登りへ取り付く。足元には岩が顔を出し、大きな段差をなす。これを延々とこなしていけば自然と息が弾む。

道脇には沢が流れ、時に交差する。途中、落差5mほどの滝が現れたり、岩と水と緑が織りなす風景は、あたかも庭園のようだ。この名もなき滝は、地元の子供達の遊び場らしい。「遊びたくなりますよね」。幼き頃、増水した川でも平気で遊んでいた類さん。とはいえ現在では自重願いたい。

美しい流れを愛でつつ登ること30分。目の前に広がったのはどこまでも続く砂原・阿弥陀が原。「こんなところに行き着くとは思わなかったですね」と類さんはただ驚くしかない。

ここでみえる

鎧堰堤《がいえんてい》

1889（明治22）年に作られた日本で最も古い砂防ダムのひとつで、現役で機能している。

Column

歴史的建造物にも堂山が役立った!?

1300年以上前の飛鳥時代には、堂山はヒノキ、スギ、カシなどが広がる美林だった。それらは優れた建材として、藤原京や東大寺などに大量に利用された。その後も延暦寺、石山寺建立や燃料にも使われ、完全なハゲ山となってしまった。そのため大量の土砂が流出し、かつてあった池を埋めてしまったのが現在の阿弥陀が原だ。

阿弥陀が原〜山頂

再生しつつある森を抜け急峻なる岩場に挑む

「徹底した破壊だったわけですね」。阿弥陀が原が過去の乱伐により生まれた話をガイドから聞き、心を痛める類さん。乱伐は阿弥陀が原にあった池を埋め立てただけでなく、流れ出た土砂が洪水などの甚大な被害を下流に与え続けた。それを防ぐために、明治政府が完成させたのが阿弥陀が原の下流にある鎧堰堤だ。堰堤の上から下を覗き込む。高さ6.8mとはいえ、山の中に人力で造り上げたと聞けば、その労苦たるや想像に難くない。

もろく崩れやすい花崗岩の稜線は注意が必要

　治山工事とともに何世代にもわたって続けられているのが植樹。なかでも大きな担い手となっているのが地元の小学生。これまで延べ1万人以上の子どもたちが参加し、それは現在も続く。緑が確かに覆いつつある目の前の姿は、その結果と言えよう。

　阿弥陀が原からはしばらくの間、なだらかな道を進む。気がつけば春を代表する山の花・アセビに取り囲まれていた。「馬が酔う木と書いてアセビ。嬉しいですね、これだけ花に囲まれるとは。森が戻りつつある」。

風雨による侵食で稜線沿いの岩が不思議な造形を見せる

　そんな森を抜けるとこの山のハイライトが待つ。林立する巨大な岩が圧巻の稜線だ。その奥には大津のまちと琵琶湖も見える。ただし滑りやすい岩場のアップダウンがそれを楽しむ余裕すら与えない。

　緊張感が増す急斜面の岩に食らいつき、最後のロープを手繰り寄せた。山頂から改めて見る春霞のパノラマは、期待に十分応える絶景だった。

類さんの一句

花《はな》馬酔木《あしび》 山《やま》懐《ふところ》の 祷《いの》りかな

花馬酔木＝春の季語。
句意：かつての乱伐で荒廃しきった堂山。人間が傷つけてしまった山の蘇りを願う人々の祈りが句作テーマ。修復工事や子供たちの植樹努力で回復しつつある山肌。そこに小さな花を無数につけた馬酔木と出会った感動を詠んだ。

再生しつつある森の中に咲き誇るアセビの白い花

堂山へのアクセス

迎不動登山口へは、公共交通機関の場合、JR石山駅からバス「アルプス登山口」行き乗車、終点で下車し、徒歩約30分。

車の場合、瀬田東ICまたは瀬田西ICから県道29号、109号を経由し現地。無料駐車場あり。

類'sインプレッション

こんなに奥深い山だとは思いませんでした。しかも乱伐による悲しき過去から植林を続けた歴史に心打たれました。回復を願い、手を加えていけば、新しい山として再生して生まれ変わることができるんです。

下山の後のお楽しみ ～シジミ飯～

石山寺周辺は縄文時代のシジミの貝塚が出土するほど、古代よりシジミを食してきた。石山寺門前のこちらでは1961（昭和36）年の創業時から「志じみめし」として提供し名物となっている。鉄鍋で炊き上げ、シジミの風味とおこげの香ばしさを楽しみつつ、滋賀の酒・**冨田酒造の「七本槍 純米吟醸 吟吹雪」**のスッキリした飲み口と柔らかなコクに酔う。

店舗名	志誠庵　湖舟
住所	滋賀県大津市石山寺3-2-37
TEL	077-537-0127

エリア 五

中国・四国

中腹にあるエボシ岩からは瀬戸内海を行き交う船が見える

愛媛県

鷲《わし》ヶ《が》頭《とう》山《さん》

しまなみ海道に聳えるパワースポット

愛媛県と広島県の間に浮かぶ島々を橋で繋ぐしまなみ海道。そのほぼ中間地点にある大三《おおみ》島《しま》の最高峰・鷲ヶ頭山。この山を御神体として祀る麓の大山祇《おおやまつみ》神社は、日本全体を守る大いなる社で、名だたる権力者たちの崇拝を集めた。瀬戸内海に浮かぶ低山が、なぜそこまで崇められたのだろうか。

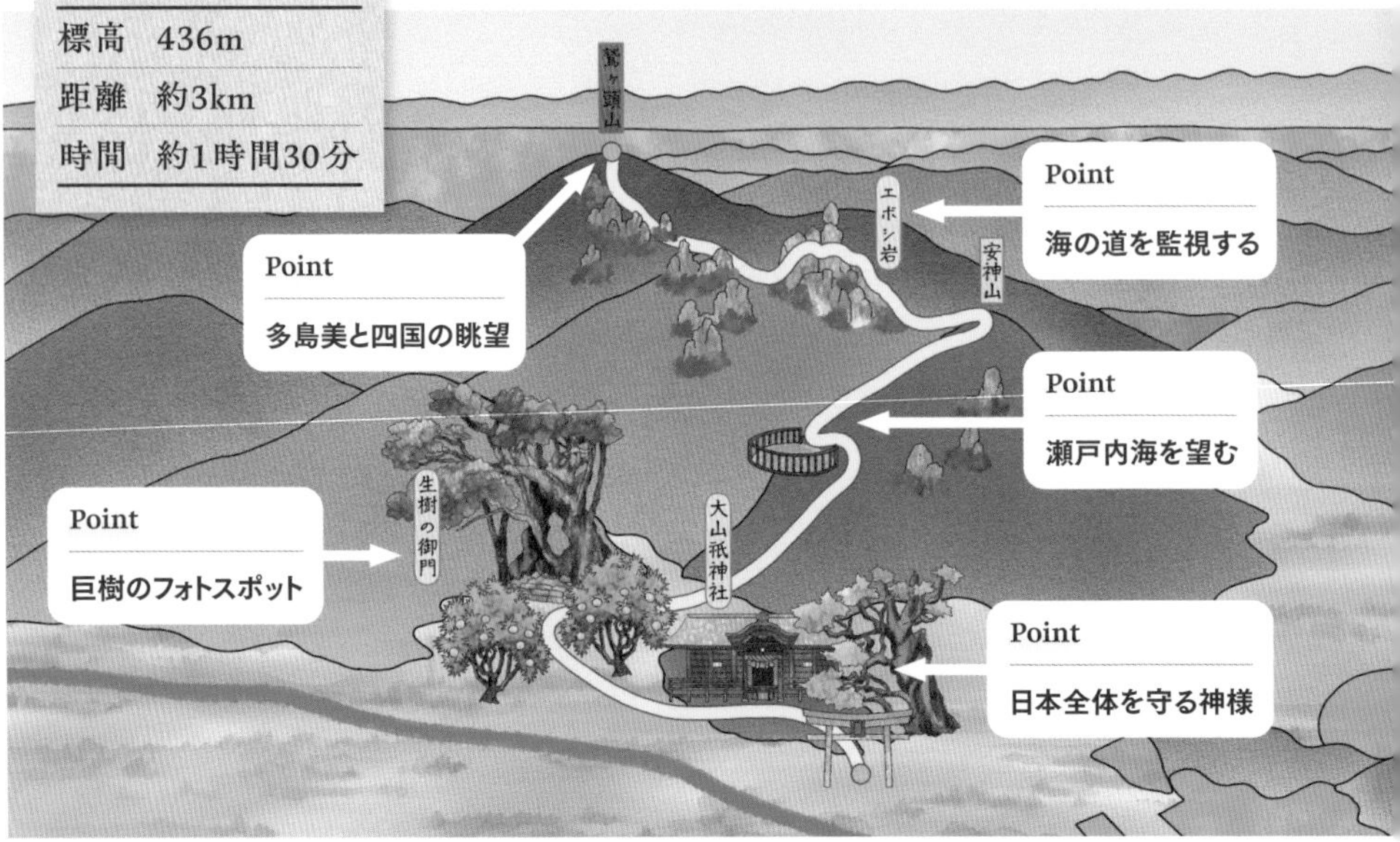

右／室町時代再建の大山祇神社の拝殿は国指定重要文化財　中／コースの途中にある樹齢三千年といわれるクスノキは「生樹の御門」と呼ばれる　左／展望台から大三島の中心地・宮浦のまち並みを望む

多島美の絶景と格式高い大社を巡る瀬戸内海の人気低山

愛媛県で最大の島・大三島の中央に位置する鷲ヶ頭山。山頂近くまで車道が通じているので、お手軽なハイキングスポットとして、島民を中心に親しまれている。登山口でもある大山祇神社は、島にありながら、島外から参拝客が絶えない。今回は同社の裏からのびる「鷲ヶ頭山自然研究路」と呼ばれる道を行く。このコースは参道でもあり、中腹にあるエボシ岩や山頂の絶景を手がかりに、この山がなぜ信仰されたのかを探っていく。

鷲ヶ頭山を望む宮浦港近くの海辺を歩く

登山口～安神山《あんじんさん》

歴史的武将が崇めた聖なる山をいく

四国四県をついにコンプリートすることになる今回の山行。しかも鷲ヶ頭山を御神体とする大山祇神社は、数々の歴史上の人物が崇めたとされる日本屈指の由緒正しき社。四国制覇を打ち立てるにはふさわしい場所と言える。

雨乞いの神・龍神を祀る安神山から鷲ヶ頭山を望む

鳥居をくぐり境内を歩く。樹齢2600年のクスノキのご神木、檜《ひ》皮葺《わだぶき》の拝殿の重厚感ある佇まいなど、厳粛な雰囲気に満ちている。

海と山の神様、そして戦いの神様として祀られている大山祇大神。源頼朝や義経も鎧を奉納し、宝物殿には国宝級の武具が数多く所蔵されている。

Column

大山祇神社

日本全体を守る「日本総鎮守」の称号を持ち、全国に分社がある大山祇神社。平安時代から武運長久を願う武人たちから信仰を集めた。奉納され所蔵する武具類の数は日本一とされ、武具類の国宝・国指定重要文化財の多くがここにあることから「国宝の島」とも言われる。なかには戦国時代の瀬戸内海の覇者・村上水軍の伝説の女武将・鶴姫のものとされる女性用の甲冑もある。近代では伊藤博文や山本五十六も参拝した。

参拝を終え、境内を抜けると道は集落の中へと続く。分岐の先に、クスノキの巨木が道を塞ぐように立つ。空洞となった幹を人が通れることから「生《い》樹《き》の御門《ごもん》」と呼ばれる。「なんとなくありがたい気がするねぇ」と言いつつ、類さんと同行者は空洞の中で記念撮影。

集落を抜けると道は急斜面となり、登山道らしくなる。とはいえ大部分が舗装され歩きやすい。展望台から、島を繋ぐ小型船が発着する港町を一望する。「いや～きれいですね」。もっとも、しまなみ海道の開通以前とは、海の賑わいは比べるべくもない。

つづら折りの登りが続く。高度が上がるにつれて、岩山の様相を呈す。

鷲ヶ頭山の手前にある安神山のピークに立つ。尾根道の先には鷲ヶ頭山から遥か連なる山々が並ぶ。「島だけど山だよね」。瀬戸内海に浮かぶ島の奥深さに類さんも驚いたようだ。

大山祇大神の子孫・乎知命《おちのみこと》が植えたとされるクスノキのご神木

安神山～山頂

稜線に屹立する巨岩から日本総鎮守の謎を解く

岩場の急登の先にあるエボシ岩に立つ

　安神山から鷲ヶ頭山へと続く稜線を歩く。なだらかながら舗装は途切れ、道は岩がちになる。再び急斜面となった先を見上げると、屹立する巨岩・エボシ岩が迫る。急登の岩場を慎重に登り、岩の袂《たもと》で振り返る。「いいじゃないですか！　空に突き出てる感じで」。眼下には瀬戸内海の島々と、行き交う船の姿が手に取るように確認できる。

　古代において、都と九州、さらに朝鮮半島を繋いでいたのは海の道。なかでも瀬戸内海は当時の大動脈。大三島はその中心に位置し、最高峰の鷲ヶ頭山からは船の往来をくまなく監視できた。つまりこの絶景こそ、外敵を防ぐ最大の盾となっていたのだ。

　エボシ岩から山頂直下の急階段に挑む。「頑張るぞ！」。自ら鼓舞し足を進める類さん。「ここからの眺めもまたいいじゃないですか！」。山頂からは瀬戸内の多島美の先に四国本島とその山並みが見える。その風景は四国制覇の達成感を満たすには十分だった。

Column

大動脈を監視した瀬戸内海の重要拠点

まだ陸地の道が未整備だった古代、穏やかな瀬戸内海を船で移動するほうが、安全でスムーズだった。663（天智2）年、大和政権が朝鮮半島に出兵するも大敗した白村江の戦いで、出兵する兵士も瀬戸内海を移動したという。その後朝鮮半島からの侵攻を警戒するため、航路を監視できる鷲ヶ頭山は重要視された。鎌倉時代には元寇が起こり、さらにこの山の存在感が増し、国の命運を握る場所として武人たちに崇められるようになった。

古代の船も行き交っていた海を背にして登る

類さんの一句

鷲の目に
遥か海路の
行方かな

鷲＝冬の季語。
句意：瀬戸海の歴史的に重要な海路の目印が鷲ヶ頭山。麓の大山祇神社は村上水軍(海賊)や多くの武人たちから守護神として信仰されていた。主要な海路の集中する場所でもあり、鷲ヶ頭山の尾根筋からはこの海域が見渡せる。かつては夥《おびただ》しい数の舟が往来していた瀬戸内海を夢想しつつ山頂からの俯瞰図を「鷲の目」(鷲ヶ頭山)の眺めに譬えている。遠景の「海路の行方」は霞むものの、優美な瀬戸海への賛辞として詠んだ。

山頂から南は来島海《くるしまかい》峡《きょう》大橋《おおはし》や今治市街を遠望することができる

鷲ヶ頭山へのアクセス

登山口となる大山祇神社へは、公共交通機関の場合、JR今治駅からバス「宮浦港」行き乗車、「大山祇神社前」バス停下車。

車の場合、大三島ICを降り、国道317号を大山祇神社方面へ。途中、県道21号を経由して現地。無料駐車場あり。

類'sインプレッション

山頂やエボシ岩から海の風景を眺めていると、古代の船団が通っているような幻が見えそうになりました。今回この山を登ったことで、ここが日本一の守り神だった意味を実感することができました。

下山の後のお楽しみ ～タイのあら炊き～

干満差の激しく栄養豊富なしまなみ海道周辺の海域で育ったタイは、身が締まり品のある味わいが特徴。今治《いまばり》の郷土料理でもあるあら炊きは、新鮮なタイのあらを、こってり甘辛く煮付けるのが特徴。合わせる酒は、愛媛の地酒の定番**「梅錦 上撰栄冠」**を燗酒で。キレの良い柔らかな甘さが、あら炊きに絶妙なバランスで寄り添う。

店舗名	お食事処 喜船
住所	愛媛県今治市大三島町宮浦9119-9
TEL	0897-82-0058

眉山の湧き水で炊いた小豆を米粉の皮で包んだ名物「焼き餅」

徳島県

眉《び》山《ざん》

万葉集に詠まれた徳島市のシンボル

『万葉集』で「眉のごとく」と詠まれたように、その山容は女性の眉のようにたおやか。徳島市内のどこからも望め、シンボルとして市民から愛されてきた。しかしかつては登ることが禁じられていた。頂からの風景にその秘密が隠されている。

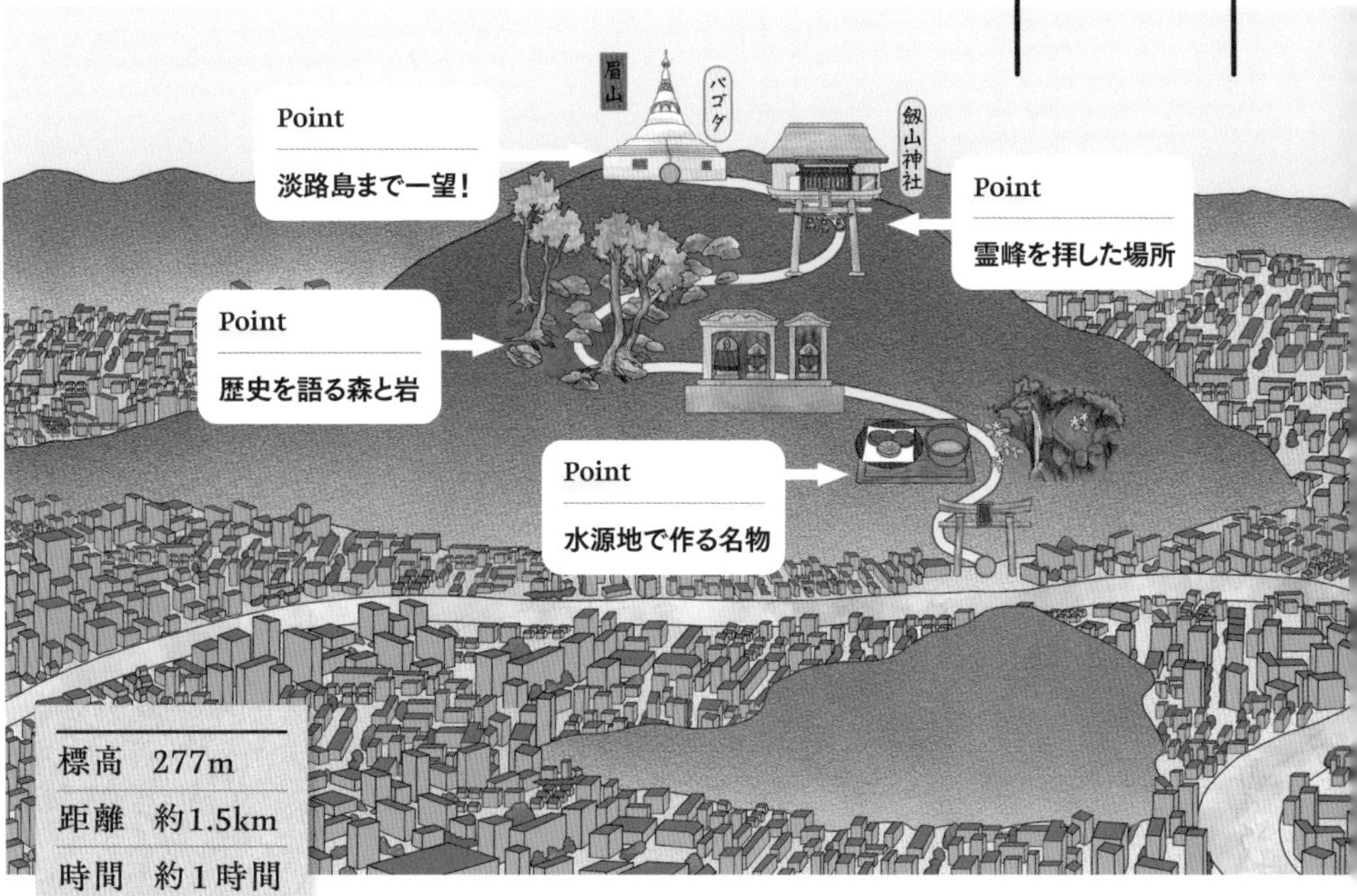

標高　277m
距離　約1.5km
時間　約1時間

多彩なコースで家族でも楽しめる市民憩いの山

JR徳島駅に降り立てば、正面に聳えている眉山。徳島市中心部に位置することから、遠足や毎日登山など、市民から広く親しまれている山だ。車やロープウエイでも山頂に行け、登山ルートも10コースを数える。今回は、眉山の名物を提供する茶屋・和田乃屋から登り、かつての賑わいの面影に触れる。その後ロープウエイ直下の登山道をほぼ直登し、山頂広場を目指す。市街地を一望する展望だけでなく、そこから見える西日本第2の名峰にも注目したい。

「この山が登山の対象になるのか疑問ですが…」。徳島城本丸から見える眉山を前に首をひねる類さん。眉山には何度も登り、あまりに見慣れた風景ゆえに、ピンと来ないようだ。ただし今回は知られざる歴史を探りながらの登山。きっとご満足いただけるであろう。

水源地だった歴史を伝える名物で腹ごしらえ

登山口は神社仏閣がひしめく徳島市寺町にある春日神社。境内を抜けると、黄色い提灯が目に入った。提灯を見ると反射的に足を運んでしまうのが類さんの性。茶屋・和田乃屋は、４００年間製法が変わらない焼き餅で知られ、徳島藩主にも献上されたという。登山前の腹ごしらえにそれを味わう類さん。

店主によると、眉山には多くの湧水があり、かつて市民の水源として利用されていた。さらに行楽地として遊山客も多かった。ただし江戸時代に賑わったのはこの一帯まで。これから先は登ることが許されなかったという。

「（それは）ちょっと気になりますね」。眉山が立入禁止だった歴史を知り、少しばかり類さんも興味を持ち始めたようだ。

登山道は緑がかった岩が露出し、思いのほかハードだ

Column

山頂に行けずとも賑わったハレの場

和田乃屋がある眉山北麓一帯は江戸時代から、「大滝山」と呼ばれていた。周辺には三重塔（戦災で消失）をはじめ、他にも茶屋や料亭が立ち並び、「お滝へ行こう」「滝の山へ行こう」と合言葉のように誘いあって出かけていく場所だった。現在、滝以外にも石積や石段が残り、当時の賑わいの面影を感じることができる。

ここでみえる

白糸の滝

登山口近くで焼き餅を提供する和田乃屋の敷地内には、眉山から湧く白糸の滝が流れる。

ロープウエイ直下〜山頂

直登に意外と苦戦し、城下町の展望を目指す

　茶屋から先は古い石段が続き、祠や三重塔の遺構が顔を出す。その後、一旦車道を歩き、少しばかりまちの喧騒を感じたら本格的な登山道の入口だ。「険しくなってきましたね」。類さんも、岩場の道に兜の緒を締め直す。足元の岩は侵食に強い結晶片岩。眉山が徳島のまちにせり出すようにあるのは、この岩が侵食に耐えたからだ。

市街地の中心にある小さな山が標高62mの徳島城の城山

　根から直接枝分かれした木々も目を引く。これは終戦直後、燃料や建材として伐採され、切り株から新芽が伸びた「ひこばえ」という状態。太古から近代の眉山の歴史を語っている。

　道はほぼ直登。途中一か所だけ、市街を望む休憩ポイントがあるものの、それ以外は急登を耐えるしかない。短い距離が幸いして、類さんも体力を残したまま山頂部まで登りきった。

　そこに鎮座するのは、眉山山頂なのに劔山神社。実はここは商売の神様であり西日本第2の高峰・劔山の遙拝所でもあった。徳島の名産・藍を扱う商人が大正時代に建てた碑も残る。

　改めて展望所から眺望を楽しむ。遠くに大鳴門橋で結ばれた淡路島、手前には徳島市街が広がる。「ああ、これは見える！」。類さんが指差す方向に、徳島城が手に取るように見える。実は戦国から江戸時代にかけて、徳島城を守る天然の要害を担っていた眉山。戦略上の重要拠点に、みだりに人が入るのは許されない。「なるほど、謎が解けました」。合点がいった類さんは実に満足げだった。

藍商人が建てた碑の穴を覗く類さん

Column

阿波商人たちも登って商売繁盛!?

明治後期に日本で10番目、昭和初期に四国一の人口規模を誇った徳島市。その発展を支えたのは特産の藍。晴れた日には劔山が見える眉山山頂へ、商売繁盛の神様とされる劔山を拝むために商人たちも登った。彼らが建てた碑の穴から覗くと劔山が見えるとされていたが、当初の場所から移設されたため、残念ながら今は見えない。

類さんの一句

眉山濃し 密《ひそ》かに灯《とも》す 寒椿

寒椿＝冬の季語。
句意：眉山の照葉樹は濃い緑色。「眉山濃し」ゆえに、清楚に咲く寒椿の鮮やかな朱色が際立つ。その色はかつてここにあった三重塔（徳島大空襲で焼失）を彷彿させて哀愁を覚えた。ちなみに僕の母親の詠んだ寒椿の俳句は**「故郷を 捨てるに非ず 寒椿」**だった。ずっと暮らした故郷を離れる時に地元の村報誌に別れの挨拶句として詠んだもの。

ロープウエイ直下の登山道の途中に咲くヤブツバキ

眉山へのアクセス

登山口の春日神社へは、公共交通機関の場合、JR徳島駅から徒歩約15分。

車の場合、徳島ICを降り、国道11号、192号を経由し、藍場町交差点を左折し現地。周辺の有料駐車場を利用。

類'sインプレッション

最初は登山の対象になるのか心配しましたけど、今回登ったルートに関しては撤回します。反省します。眉山はみんなが愛する里山であり低山です。それを思いっきり味わわせていただきました！

下山の後のお楽しみ ～鯛めし～

鳴門海峡の渦潮で揉まれて育った「鳴門鯛」は、身が締まり、ぷりっとした食感と旨味が広がる。全国でも有数の高級魚として知られる。徳島で親しまれている鯛めしは、お米の上に鯛をそのまま置いて炊き上げ、食べる直前に身をほぐして味わう。合わせるのは**太閤酒造「瓢太閤 純米大吟醸」**。渦潮をイメージする力強さの中に柔らかな旨味が広がる。

店舗名	徳島魚問屋 とゝ喝
住所	徳島市紺屋町13-1
TEL	088-625-0110

島根県
鳥取県

船《せん》通《つう》山《ざん》

タタラ製鉄が生む出雲神話の舞台

スサノオが怪物ヤマタノオロチを退治する。古事記に描かれたその物語の舞台となったとされる船通山。一方で古くからこの山ではタタラ製鉄が行われていた。古代人になって想像を膨らませれば、製鉄と神話の接点が浮かび上がる。

類さんが「ミツマタノオロチ」と名付けたケヤキの巨木

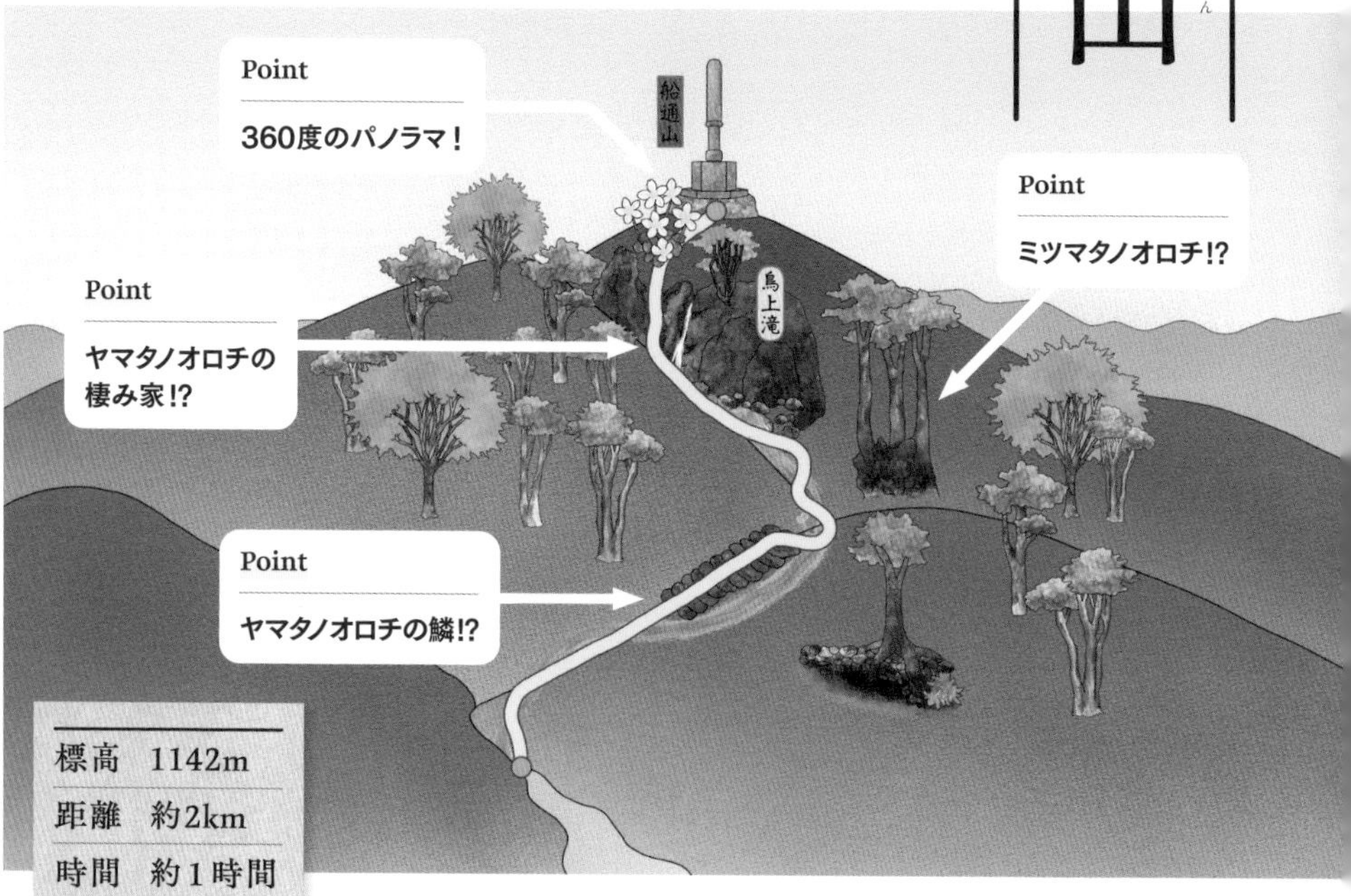

標高	1142m
距離	約2km
時間	約1時間

神話息づく山里で花と展望が秀逸な満足度の高き霊峰

島根県と鳥取県の県境をなし、ヤマタノオロチ退治の神話が伝わる山。両県から登山道がのびるが、今回は島根県側の鳥上滝《とりかみたき》コースを行く。道は石畳が整備され、比較的歩きやすい。途中にあるヤマタノオロチの棲み家とも言われる鳥上滝を経て山頂へ。山頂付近には春にカタクリ、秋にウメバチソウの群落が楽しめる。山頂からは大山《だいせん》、条件が良ければ隠岐も望める。楽しみが多い山で、なぜ神話が生まれることになったのか、周辺の歴史を振り返りつつ登る。

ヤマタノオロチを連想させる石畳の道を行く

目は赤く、8つの頭と8つの尻尾、その身にはコケ、ヒノキ、スギが生え、大きさは8つの谷と8つの尾根にわたり、その腹は常に血でただれている。『古事記』に記された怪物ヤマタノオロチの描写だ。ヘビが大の苦手な類さんでも、好きな神話でのことなら、今回の山行は問題あるまい。「空想ですが、ヤマタノオロチ退治をやりたいと思ってます！」と、案の定、意気揚々だ。

道は比較的歩きやすいが、滑りやすい岩場もあるので要注意

　石畳が続く登山道は、表面が濡れ、鈍く光る。「なんとなくオロチの鱗に見えて…」。確かにそうと見えなくもない。さらに道に沿う斐《ひ》伊《い》川《かわ》の渓流も、類さんの想像力を刺激する。「この川そのものがオロチの形じゃないのかな」。前述の描写にある「8つの谷」は、この流れを指しているのだろうか。「これはミツマタノオロチでしょうかね」。類さんが見上げるのは、幹が3つに分かれたケヤキの巨木。ヤマタノオロチとはだいぶ離れているが、頭の中は大蛇伝説で溢れているようだ。

　渓谷沿いを歩くこと1時間。足元は石畳からガレ場に変わり、周囲に岩壁が迫ってきた。そこから一筋の水が流れ落ちる。ここが鳥上滝。実は地元ではヤマタノオロチの棲み家だと伝わる。神話の核心部のひとつに辿り着いた。

ここでみえる

鳥上滝

落差16mで岩の割れ目を流れる鳥上滝。清らかな流れは島根の名水百選にも選ばれる。

Column

良質の砂鉄産出と大蛇神話の関係性

一説では、ヤマタノオロチは船通山全体の風景から着想されたものとも言われる。かつて船通山周辺は良質の砂鉄が採れ、それを製鉄する「タタラ製鉄」が盛んだった。山麓にはいくつもの炉があり、赤い炎が灯っていた。ヤマタノオロチの「赤い目」はその炉の炎、「血にただれた腹」は真っ赤に溶けた鉄を象徴していると言われる。

鳥上滝～山頂

花の歓迎とともに空が開ける爽快な山頂のパノラマ

水量は少ないものの、周囲の森と岩が趣深い風景を演出する鳥上滝。しかしながら「ヤマタノオロチの棲み家にしては、規模が小さいな…」と、イメージする棲み家にそぐわぬのか、類さんはやや不満げだ。あくまで伝説ということで、細かい点はご容赦願いたい。

山頂から東を望む。右奥に一際高く見えるのが大山

滝の先にある急な階段を登る。その先はつづら折りとなり、色づく広葉樹の森を楽しみながら標高を上げていく。周囲はブナの森に変化して、明るい日差しが紅葉を一層鮮やかに際立たせる。

尾根道に出てしばらくすると、やや開けた草原に入った。傍らでウメバチソウが歓迎してくれる。花を愛でていたその矢先、草むらで何やら動いた。「うわー！　マムちゃんです！」。オロチならぬマムシの出現に騒然となるも、何事もなく毒蛇は姿を消した。

一旦息を整え、山頂へ向かう。森の木々は低くなり、それが近いことを予感させる。一気に空が開けたらそこが山頂だ。視界を遮る樹木はひとつもなく、なだらかな傾斜が弧を描く山頂広場。東に大山、西に三瓶山《さんべさん》、北は日本海、そして南は中国山地がどこまでも続く展望だ。

類さんは西の奥出雲の里の方を見た。いくつもの尾根が、オロチの肢体のように集落へとのびている。「タタラの炎がオロチの目のように上がっていたのでしょうね」。この山の光景から、ヤマタノオロチを連想した先人の想像力に感服したようだ。

余談だが、その後の下山途中に計10匹のヘビと遭遇して、類さんが大騒ぎしたことを書き加えておく。

鳥上滝より先の谷沿いの道も広葉樹の明るい森が広がる

Column

山頂の記念碑が語る三種の神器の発祥地!?

船通山山頂には剣を模した記念碑「天叢雲剱《あめのむらくものつるぎ》出顕之地」が建立されている。神話の中で、スサノオノミコトがヤマタノオロチを倒した際に、その尻尾から見つけた天叢雲剱をモチーフにしたものだ。この剣もこの周辺のタタラ技術により作られたと伝わる。天叢雲剱はアマテラスに献上され、三種の神器の一つになった。

類さんの一句

今はただ
大蛇《おろち》の山に
梅鉢草《うめばちそう》

梅鉢草＝秋の季語。
句意：あまりに清楚なウメバチソウが大蛇退治の神話にまつわる山の奥にひっそりと咲いている。今は昔の凄まじい神話譚と無垢な花とのコントラストが句作モチーフ。船通山の黒い砂鉄と白いウメバチソウが浮かぶ。なお、ウメバチソウのお花畑の周りにはヤマカガシなどの毒蛇もいるので注意。

山頂にほど近い草原で出会ったウメバチソウ。見頃は10月頃

船通山へのアクセス

鳥上滝コース登山口へは、公共交通機関の場合、JR出雲横田駅からバス「鳥上線」乗車、「斐乃上荘」バス停下車、徒歩約30分。

車の場合、JR出雲横田駅を起点に県道258号、108号経由、途中「船通山」の標識に従い右折。さらに「鳥上滝コース」の標識に従い現地。無料駐車場あり。

類'sインプレッション

あの広々とした山頂に立つと、船通山そのものがオロチの背中に見えてきました。自然と大きなスケールで想像できるようになるのが不思議です。古の神話が今も息づいていることを実感できる山でした。

下山の後のお楽しみ ～出雲そば～

日本三大そばに数えられる出雲そば。特徴は殻のついたそばの実をそのまま挽く「挽きぐるみ」という製法。そのため黒っぽくなるが栄養価と香りが高く、そば本来の味わいが楽しめる。こちらでは自家製粉にこだわり、特に香り高い在来種・横田小そばを使用。食中酒としてどんな料理にも合う**「奥出雲 純米吟醸」**との相乗効果も見事だ。

店舗名	山県そば
住所	島根県仁多郡奥出雲町大呂515
TEL	0854-52-1149

ダイセンクワガタは大山の固有種だが、三瓶山でも見られる

島根県

三《さん》瓶《べ》山《さん》

〝国造り〟を彷彿 活火山の躍動感

神様が三瓶山に綱をかけて出雲を造った神話が伝わる。また一方で約1万年前から何度も噴火を繰り返し、それにより出雲平野が生まれたとも言われる。環状にならぶ5座の峰々の山容と山頂からの眺めは、神話に通じるダイナミズムだ。

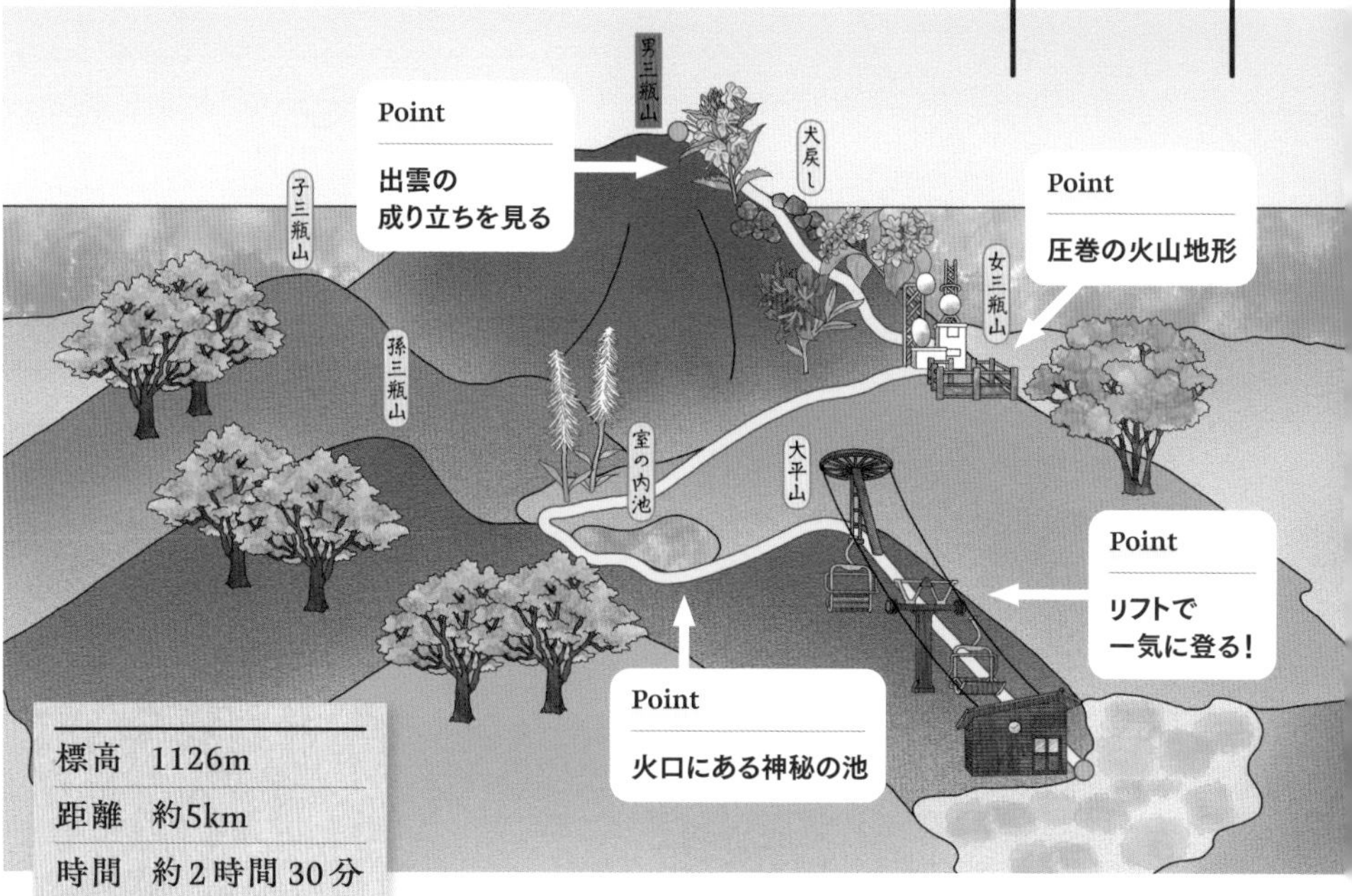

標高	1126m
距離	約5km
時間	約2時間30分

多彩なコースに温泉やキャンプと楽しみ多い名山

島根県の中央に位置し、男三瓶山、女三瓶山、子三瓶山、孫三瓶山、大平山の複数のピークが並ぶ三瓶山。日本二百名山に選ばれ人気もある。コースも複数あり、レベルに合わせた楽しみ方ができる。山麓にはキャンプ場や温泉があり、登山前後のレジャーも充実。今回はリフトで標高を稼ぎ、その後火口の底にある室《むろ》の内《うち》池まで下った後に、ピークの男三瓶山を目指す。火山活動による変化に富んだ地形と、山頂からの眺望で神話の成り立ちを垣間見る。

雄大な裾野を駆け上り三瓶山の全容を見る

　日本海に面した薗の長浜から、こんもりとした三瓶山が見える。この山も神話の舞台と聞き、浜を歩く類さんの背中からは期待感が伝わる。

　東の原登山口は爽やかな高原にある。雄大な裾野を這うように観光リフトがのび、その先には三瓶山を形成する大平山と女三瓶山が迫る。リフトを利用して、まずは約850mまで一気に標高を上げる。次第に広がる眺望に類さんもご満悦だ。今だに仕事とは言え、パラグライダーやジップラインなど、年齢不相応に危険極まりない挑戦をするのは、なにより空中散歩が好物ゆえ。リフトなぞ物足りないくらい。

　山上でリフトを降りると、類さんを歓迎するように鳥の鳴き声が響く。ここから約5分で大平山山頂の展望台だ。

　展望台で三瓶山の全貌が明らかになる。右から女三瓶山、男三瓶山、子三瓶山、孫三瓶山と大きく波打つような稜線が火口を縁どる。「これが三瓶山ということですね」。迫力のパノラマにさすがの類さんも圧倒されている。

　登山道は火口を巡るように張られ、そのまま稜線をたどれば、目指す男三瓶山は近い。ここはあえて火口の底へと続く道をとる。下り道を歩くこと30分で、室の内池が現れた。

右から男三瓶山、子三瓶山、孫三瓶山が並ぶ太平山からの眺め

ここでみえる

室の内池

標高673mの火口にある室の内池。どれだけ雨が降っても水位が変わらないと言われる。

Column

4000年前の噴火が現在の地形をつくる

活火山とされる三瓶山は10万年前から活動していたと言われる。その間、7回にわたる活動期を経て、約4000年前に最後の噴火があった。その噴火で火口が陥没し、室の内池がある現在の地形となった。また繰り返された噴火により、噴火物が近くの神戸川《かんどがわ》に流れ込み、島だった島根半島と本州をつなぐ出雲平野をつくったとされている。

室の内池～山頂

下れば登る定めを痛感する火口底からの急登

　山に囲まれ、太古からの静寂に包まれた室の内池の畔に佇む。この池は栄養分が乏しく生き物も少ない。かつて放流されたコイはいるが、餌がないため頭部が大きく、胴が小さいという奇妙な形をしているという。類さんも目を凝らすがなかなか現れない。

女三瓶山の展望デッキから男三瓶山の山頂を望む

　コイの探索を諦め、先へ進む。先程下がった分、登らなければならない。その標高差約４５０ｍ。女三瓶山まで急登が続く。標高が上がると同時に気温も上昇。周囲にハルゼミの声がこだまし、5月とはいえ夏山登山の様相だ。

　暑さと急登に挑む中、元気づけてくれるのは可憐な花々。タニウツギ、シライトソウなどが顔を出し、ここが花の山でもあることを教えてくれる。

　女三瓶山の展望台に立つ。さらに高度感のある三瓶山の全容が再び展開する。目指す男三瓶山にも手が届きそうだ。

　ただし、ここから難所が連続する。切り立った尾根、ロープが張られた岩場が現れ、まさに雄々しい道。斜度のある尾根を登りきれば、周りを覆う木々は消え、草原のような広場に出た。その先に続く山並みは絶え、空しかない。

　山頂デッキからは、島根半島と出雲平野が手に取るように分かる。半島西端・日御碕《ひのみさき》を起点にして、薗の長浜が三瓶山の手前まで白い弧を描く。

　神話では、この浜を神様が綱に見立て、島だった島根半島を引き寄せて出雲を造った。「たぶんロープは、あそこの窪みから引き寄せたんじゃないですか」。海沿いの山の切れ目を見て、類さんは神話に独自の解釈を加えた。

山頂からの眺望。左に弧を描くのが薗の長浜

Column

三瓶山は縄をかけた杭!?“国引き神話”

国造りの神が「出雲の国は小さく、どこかの国を縫い付けてやろう」と考え、海の島々を切り離し丈夫な綱をかけて手繰り寄せた。寄せられた部分が島根半島になり、引っ張った綱が薗の長浜、綱を掛けたのが三瓶山と言われる。三瓶山の噴火によりできた出雲平野は、弥生時代に古代人の居住地となり、その神話が生まれたと言われる。

類さんの一句

夏雲を
曳《ひ》きて三《さん》瓶《べ》に
つなぎ止む

夏雲＝夏の季語。
句意：『出雲風土記』の冒頭「国引き神話」が句作ヒント。八雲立つ出雲のように夏雲が三瓶山の空に流れていた。“国引き”のように雲に縄をかけて引き寄せる仕草を犬戻しの岩尾根でやったのを思い出す。まるで神話を実践するようで壮大な気分を味わった。

女三瓶山から展望台と火口を望む。室の内池がはるか下に見えた

三瓶山へのアクセス

東の原登山口へは、車で向かうのが便利。大田中央・三瓶山ICを降り、国道9号、県道284号、JR出雲横田駅を起点に県道258号、108号経由、56号経由し、「三瓶山」の標識に従う。途中「東の原」の標識を左折。三瓶山高原道路を進み現地。観光リフトの無料駐車場利用。

類'sインプレッション

島根半島は噴火により出雲平野ができ本州に繋がった自然上の歴史があり、その過程がそのままダイレクトに神話へ結びついているのが面白かったですね。山頂からはそれが目の当たりにできました。

下山の後のお楽しみ
～のどぐろ～

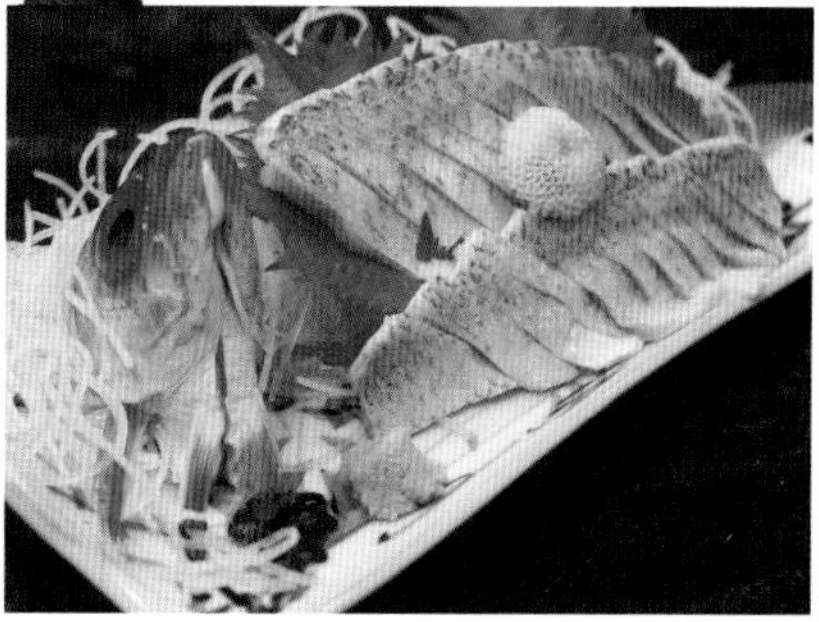

口の中が黒いことが名前の由来になった白身魚。特に島根沖で水揚げされるのどぐろは、年間を通じて脂ののりが良く、トロのような味わいで全国的にも有名。こちらでは店主が漁師から仕入れた新鮮なのどぐろを提供する。表面を炙ることで香ばしさと甘さが際立つ。**富士酒造「手づくり純米 出雲富士」**の懐かしい味わいの辛口とも合う。

店舗名	漁師料理 活海
住所	島根県大田市鳥井町鳥井135 乙
TEL	090-5694-1798（2024年9月から営業再開予定）

高知県

工《く》石《いし》山《やま》

多様な自然景観で市民が親しむ山

高知市街からほど近く、豊かな自然が保たれていることから「市民の森」として親しまれている工石山。約1000種類の草花は、植物学者・牧野富太郎も魅了し、足繁く通った。屹立する巨岩や特異な景観の森など、人気の秘密も頷ける。

特徴的な形のアオテンナンショウも牧野富太郎が命名した

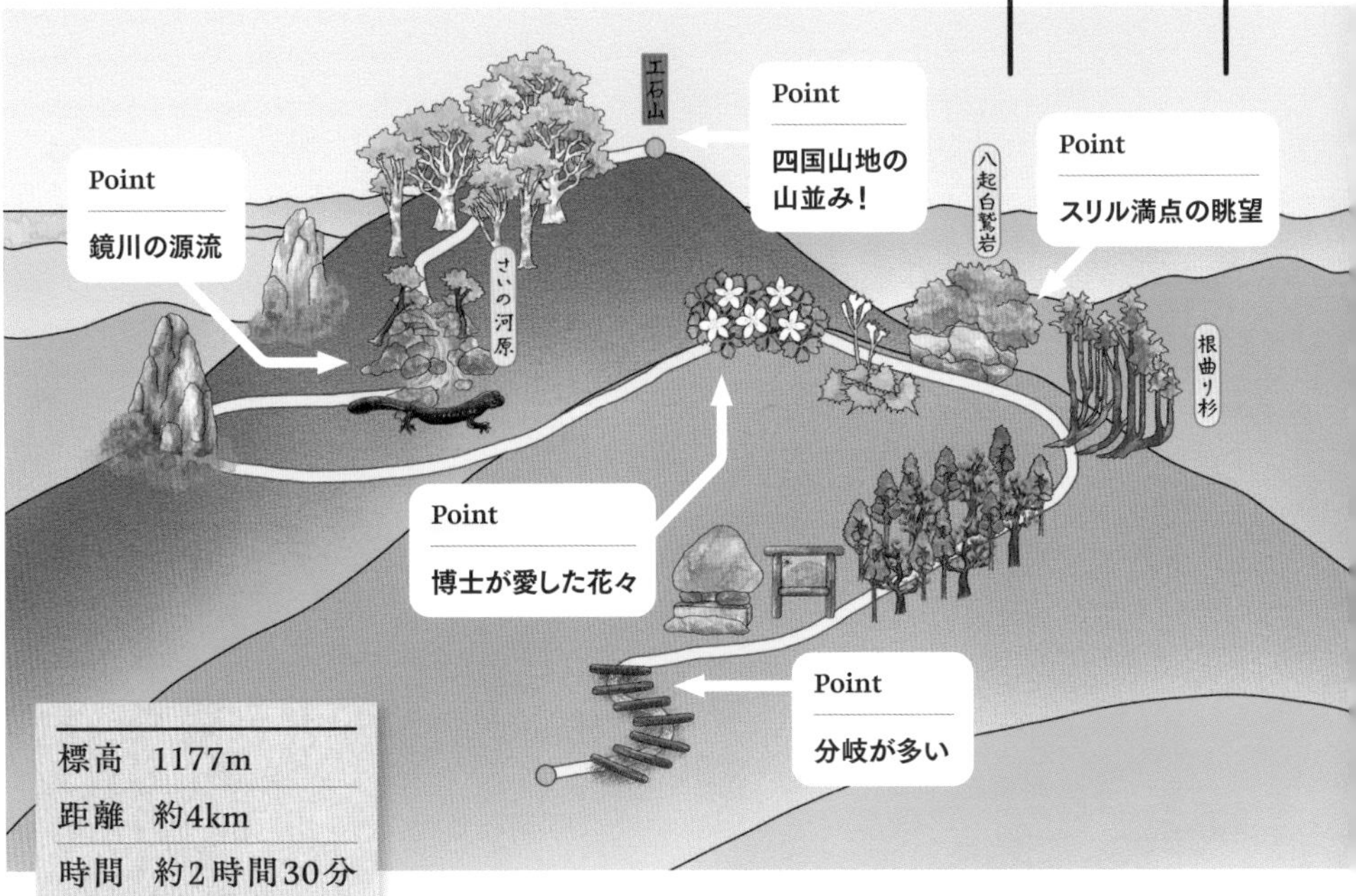

標高	1177m
距離	約4km
時間	約2時間30分

四季を通じて気軽に楽しめる低山ハイク入門編

高知市街地から車で1時間。年間約一万人の登山客が足を運ぶ人気の山。コースは7本ほど設定され、いずれも2時間ほどで登頂できるので、レベルに合わせて選びたい。分岐は多いものの整備された道とトイレが各所にあり、初心者には腕試しに最適だ。ピークは2つあり、南の頂は高知市街と太平洋、北の頂は石鎚山を筆頭にした四国山地と、趣異なる眺望が広がる。今回は北回りと南回りを組み合わせたコース取りで、余す所なくこの山の魅力を巡っていく。

登山口〜白鷺岩

自然の力強さを目の当たりにする森へ

　工石山は二度目となる類さん。一度目は十数年前ゆえに「覚えてないな〜」。要するにいつものごとく、ほぼ初見の山ということで問題なかろう。

　高知市工石山青少年の家近くの登山口から始まる道は、しばらくは広くなだらか。左に斜面を登る道が見えると、本格的な登山開始だ。斜度は上がるが、歩きやすいのは助かる。木漏れ日と鳥の鳴き声が響き、自然と心が躍る。

　南回りと北回りのコースに分かれる最初の分岐に出合う。前回の山行の記憶にはないものの、野生の勘で「こっちですね」と同行者を北周りのコースへと導く類さん。

「全国（県の木）遊歩道」と名付けられ、各地の県木が植樹された道を歩くこと30分。周囲は暗いスギ林となるが、少し様子がおかしい。いずれのスギも根元からぐにゃりと曲がり、その上からはまっすぐに伸びている。これは「根曲り杉」と呼ばれ、台風の強風により特異な形状となった。自然の猛威に対抗するのもまた、自然の生命力でしかないことを実感できる光景だ。

　そのスギ林の先に山肌から突き出るようにある白鷺岩《しろわしいわ》が現れた。足もすくむ岩に立ち、類さんはごきげんに四国の山並みを眺めた。「飛べそうだよね」。

高知県北部・嶺北地方の山並みが望める白鷺岩

Column

「石が食べたい！」が工石山の名前の由来!?

ワシの嘴に似た白鷺岩、その直下の八起岩《やおきいわ》、ほかにも初代土佐藩主・山内一豊《やまうちかずとよ》が入国時に目印にした妙見岩など、巨岩が点在する工石山。いずれも石灰岩でできた工石山を象徴するものだ。一説によると飢えに苦しむ平家の落人が「この石が喰えるものなら」と嘆いたことから「喰石（くいし）」と呼ばれるようになったという。

ここでみえる

根曲り杉

1963（昭和38）年の台風9号により、植栽後のスギの幼木がなぎ倒され、そのまま育った。

白鷲岩～山頂

花々と清らかな水源を経て２つのピークをハシゴする

白鷲岩からほどなくすれば、倒れた巨大なヒノキの根が横たわる分岐点に出た。ここは進路を左に取り、苔むした木々が並ぶ中を進んでいく。

足元を見ると露に濡れた小さな葉が地表を覆う。その形がまるでコウモリのように見えるヒメコウモリソウ、まだ花は咲いていないがバイカオウレンなど、高知出身の植物学者・牧野富太郎博士が命名した植物が次々に顔を出す。

１８９２（明治25）年、博士はこの山に6回ほど足を運んだと伝わる。生涯命名した植物は約１６００種類。そのうちの80種類が工石山で観察できる。博士を魅了した多様な植物が楽しめるのも、人気の理由と言えそうだ。「僕たちも花を探しながら行こう」。類さんの気分はすでに植物学者だ。

森を抜けた先にある赤良木《あからぎ》園地展望台から高知市街を眺め、一息つく。一定の間隔で何かしらの見どころがあるため、刺激が多く全く飽きがこない。「こんなにも変化に富んで、素晴らしいよね」。類さんも殊の外、上機嫌だ。

尾根道を歩き、再び眺望の良い屏風岩を経由し、賽の河原に辿り着く。ここは、高知市の水源・鏡川の源流のひとつ。希少なイシヅチサンショウウオも生息するという。

シャクナゲの木に覆われた道を辿り、北の山頂を目指す。ここから標高差１５０ｍの登りとなる。

その名が示す通り、北が開けた北の頂からは、幾重にも連なる四国山地、奥には霊峰・石鎚山が霞む。城下町の近くにありながら、四国の山深さを見せつけられた。

山頂近くはブナ、アカガシ、ヒノキなどの混成林の中を進む

Column

植物学者も魅了された豊かな植物相の秘密

工石山で見られる植物は500種類とも1000種類とも言われる。その理由のひとつが地質。石灰岩に覆われ、それに順応する植物が育つ。また温暖地にありながら標高が1000mを超えるため、温暖な植物と冷涼な植物の両方が育つ条件が揃っている。その多彩な植物相を持つために、牧野富太郎もこの山に注目したと考えられる。

赤良木園地展望台近くで見つけたベニドウダン

類さんの一句

山椒魚
神の使ひにて
遊べ

山椒魚＝夏の季語。
句意：高知市民の水源でもある鏡川の源流域に住む山椒魚が句作モチーフ。清流の象徴でもある山椒魚の生息域はまさに聖なる渓といえる。産卵期で立ち入り禁止だったが、“守る会”の市民意識は尊重したい。生態系を守る願いを愛くるしい山椒魚の遊ぶ姿に重ねた一句。

賽の河原の周辺は環境保護のため立ち入りが制限されている

工石山へのアクセス

登山口がある高知市工石山青少年の家へは、車で向かうのが便利。高知ICを降り、県道44号を経由、途中16号を土佐山方面へ右折し道なりに進めば現地。青少年の家の無料駐車場利用。

類'sインプレッション

登ってみて美しい花や清らかに流れる水に出合い、記憶が蘇りました。高知市の生活圏にありながら、これほど豊かな自然があることに、改めて感心しました。また緑一色の四国山地の眺めにも心打たれました。

下山の後のお楽しみ
～カツオのタタキ～

高知の郷土料理を代表する一品。カツオの表面を強火で炙り分厚く切って、タレや塩で味わう。こちらでは冷凍カツオは一切使用せず、藁で一気に焼き上げ、できたてを提供する。藁を使用することで、香ばしさが際立つ。合わせるのは類さんの生まれ故郷の近くの酒蔵・**司牡丹酒造の純米酒「船中八策」**。超辛口が特徴で、タタキとも相性が抜群だ。

店舗名	酒國 長宗我部
住所	高知市帯屋町1-13-17
TEL	088-855-3557

高知県

不《いら》入《ず》山《やま》

土佐藩を支えし最後の清流の源

言わずと知れた清流・四万十川。源は高知県西部の深き森から流れ出る。その山名からも入ることを躊躇する不入山。かつて実際に立ち入りが制限されたため、美しい自然が今も息づく。先人が守りたかったものは何かを見つけに行く。

山頂直下で120年に一度咲くスズタケのツボミを見つけた

標高	1336m
距離	約2.5km
時間	約2時間30分

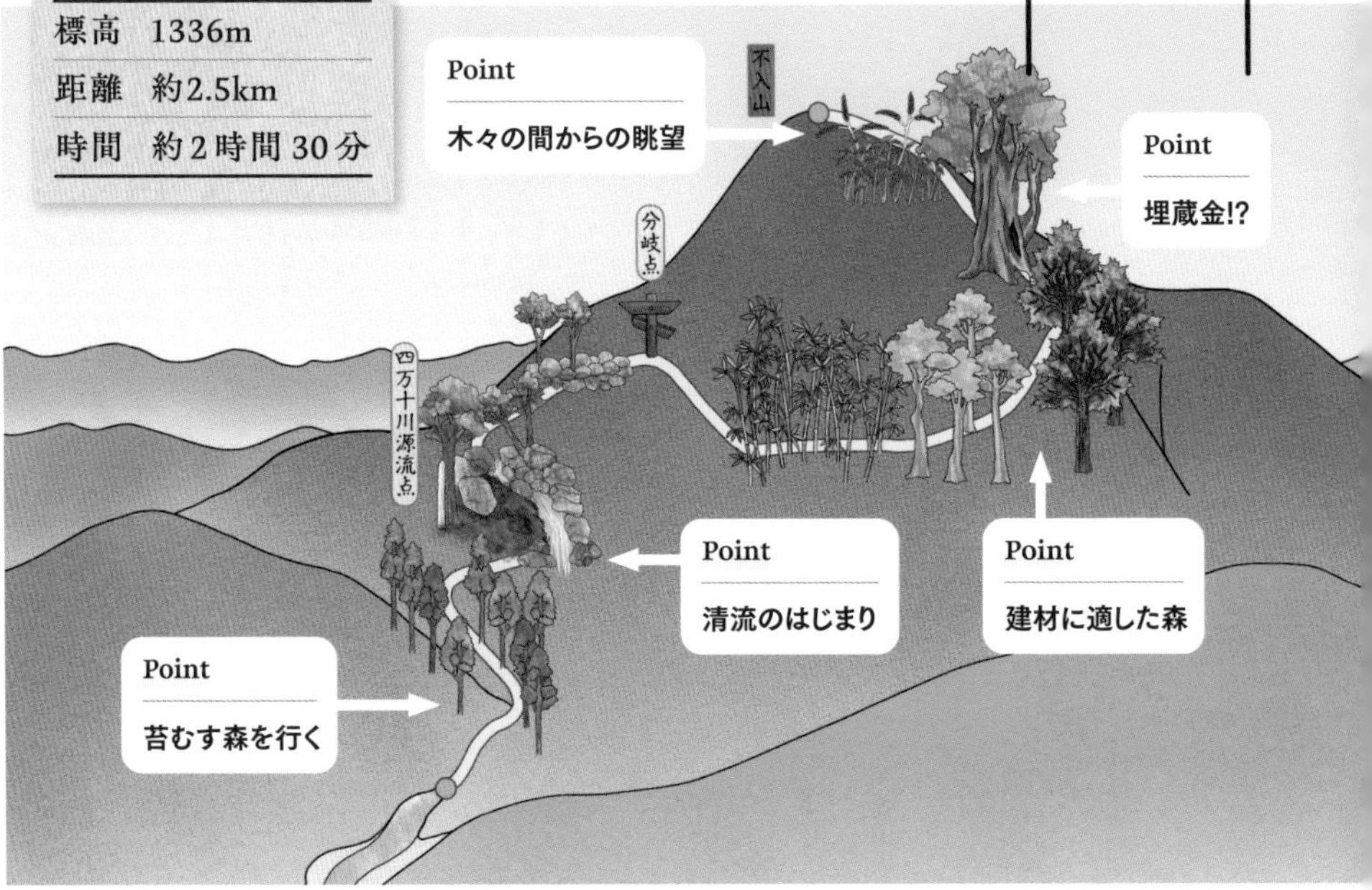

源流から先にある濃い森が真骨頂の深山幽谷の山

全長196㎞の四国第2の大河でもある四万十川の源流点を有する山。登山道から約25分で辿り着く源流点までは、訪れる観光客も少なくない。この山の魅力は、そこから先の森にある。ヒノキやスギの大木に混ざり、シャクナゲやヒカゲツツジなど、自然のままの姿で出迎えてくれる。森はなぜ守られたのか、史実と伝説が交錯し、この山の神秘性を深めていった。今は誰でも入れるものの、山深い場所だけに道迷いも少なくない。慎重に登っていきたい。

登山口〜分岐点

源流の姿にこの山の豊かさを見て取る

登山口に建つ「四万十川源流之碑」。実際の源流点は、ここからしばらく山に入った場所にある。道の脇を流れる源流は、滔々と流れる四万十川とは程遠く、まだ生まれたばかりの小川だ。場所によってはちょっとした沢登りの様相を呈し、油断はならない。

不入山は初めてという類さんには、今回密かな目的がある。表向きは、いわくありげな山名の由来を探ること。真の狙いは平家の落人《おちうど》の埋蔵金。あくまで伝説に過ぎないが、目的は多いほうがより楽しい山行になる。

息が上がる登りをこなし、源流点に辿り着く。苔の緑に覆われた岩の間を、細いながらも力強く清水が流れ落ちる。「これを見ると四万十川の水量の多さが分かるよね」。不入山が水を豊富に蓄えていることの裏付けだ。

源流点からがこの山の核心部分。天然スギの巨木が立ち並ぶ姿は、先人が森を守ってきたことを意味する。

道脇に朽ちかけのワイヤーを発見する。実は江戸から昭和初期にかけて、不入山は良質の木材を産出してきた。ワイヤーはその残滓。手付かずの自然に見えて、この山は厳格に管理されていた。

「謎が解けてきましたけど、本当に埋蔵金はあるんでしょうかね？」。その歴史を教えてくれたガイドも、類さんの質問の答えには窮した。

四万十川源流点にはベンチも設置され休憩にも適している

Column

落人が埋めた!? 埋蔵金伝説

平安時代、不入山の麓に逃げのびた平家の落人がいた。落人は村人に「誰も山に立ち入ってはならぬ」と告げ、山中に身を隠した。それは平家再興のための埋蔵金を隠すため。現在の40億円もの財宝を「朝日、夕日があたる大木の下」に隠したという。その落人が語った言葉が、山名の由来のひとつになったという伝説が残っている。

材木はワイヤーやソリを使い、人力で運んだという

埋蔵金も霞む希少な自然との出合い

　スギやヒノキの巨木の森を行く。藩政時代、土佐藩が産出するこれらの木材は、高値が付いた。天然の幼木からじっくり育てることで、目の詰まった良木になったという。まさにこの山自体が宝の山だったというわけだ。

コウヤマキ林を過ぎると岩場の急登やロープ場もある

　高知では珍しい日本固有種のコウヤマキの天然林へと入る。硬くて水に強いため、船材などに重宝された。ある一本は、根が岩を抱きかかえるように伸びる。「なんという生命力なのだろう」と類さんも舌を巻く。

　その先の急登をよじ登る。「いや～出てきましたよ、巨木が！」。日当たりの良い尾根に立つヒノキの巨木。「朝夕の日に輝く大木の下ということで、これは昔から巨木だったと思います」。埋蔵金伝説の通りの状況に、類さんも鼻息が荒い。いそいそと根元を調べるも、「今日は諦めようかな」と、あっさり放棄する。事実、本気で探されても困る。

　しかしその先で出合ったのは、自然のお宝、スズタケの花の蕾。開花は120年に一度という。今は蕾とはいえ、一生に一度あるかないかの巡り合わせに、類さんは先程以上に興奮する。

　その興奮が冷めやらぬまま山頂へ。大パノラマとはいかぬが、四国山地の稜線が木々の間から見える。派手ではないが、どこか奥ゆかしさ漂う山頂の方が、心を鎮めるにはちょうどいい。

ここでみえる

太郎坊の大ヒノキ

山頂直下にあるヒノキの巨木。果たして埋蔵金はこの下に埋められたのだろうか？

Column

土佐藩を支えた不入山の森

かつて土佐藩は不入山を藩の所有物「留山」とし、厳しく管理した。藩の許可がなければ立ち入ることができない制度で、そのことも名前の由来になっている。高品質の木材を産出した不入山は、現在の価値で年間16億円を売り上げたという。幕府から経済的に締め付けられていた土佐藩にとって、不入山こそ宝の山だったのだ。

類さんの一句

分け入らば青葉
入らずとも青い山

青葉＝夏の季語。
句意：いきなり分け入った四万十川の源流は青葉に覆われた渓だった。そして不入山の山頂から眺めた四国山地の広大な山並み。青い山の連なりがどこまでも続いていた。種田山頭火の俳句「分け入つても分け入つても青い山」を知る方はニヤリとしてくれるかな。

四万十川源流点の周辺だけでなく、青葉に覆われた登山道が続く

不入山へのアクセス

登山口がある四万十川源流点入口へは、車で向かうのが便利。須崎東ICを降り、国道56号を須崎市街方面へ。途中県道284号を梼原《ゆすはら》方面へ右折。県道315号、国道197号、県道378号を経由し、「四万十川源流点」の標識に従い現地。路肩に駐車可能。

類'sインプレッション

歴史的に材木を生み出す山でしたが、植生保護も加味しながら利用した先人の工夫があったから今がある。この山自体が財産であり、生き物だということをリアルに感じさせてくれる山でした。

下山の後のお楽しみ
～アユの塩焼き&地元野菜の炊合わせ～

四万十川のアユは大きく、川の香りが立つ味わいが特徴。シンプルな塩焼きなら、上品な身とほろ苦いワタのアユ本来の味が楽しめる。こちらではアユのほか、自家栽培や地物野菜を使った炊合わせも楽しめる。酒は高知の地酒・**土佐酒造「桂月 CEL24® 純米大吟醸50」**。フルーティーな香りと優しい甘さで女性に人気の一本だ。

店舗名	みどりの森のカフェ もくもく
住所	高知県高岡郡津野町杉ノ川1034-3
TEL	0889-56-3933

岡山県
鳥取県

蒜《ひる》山《ぜん》

花々に彩られた岡山屈指の名峰

広大な牧場と田畑が田園詩的景観をつくる蒜山高原。それを見下ろすように座する蒜山三座。上蒜山、中蒜山、下蒜山のピークを有する稜線は雄大にして、登山欲を掻き立てられる。花の名所として知られるが、それには歴史的背景があった。

ツリフネソウは花が舟を吊り下げたように見えるのが由来

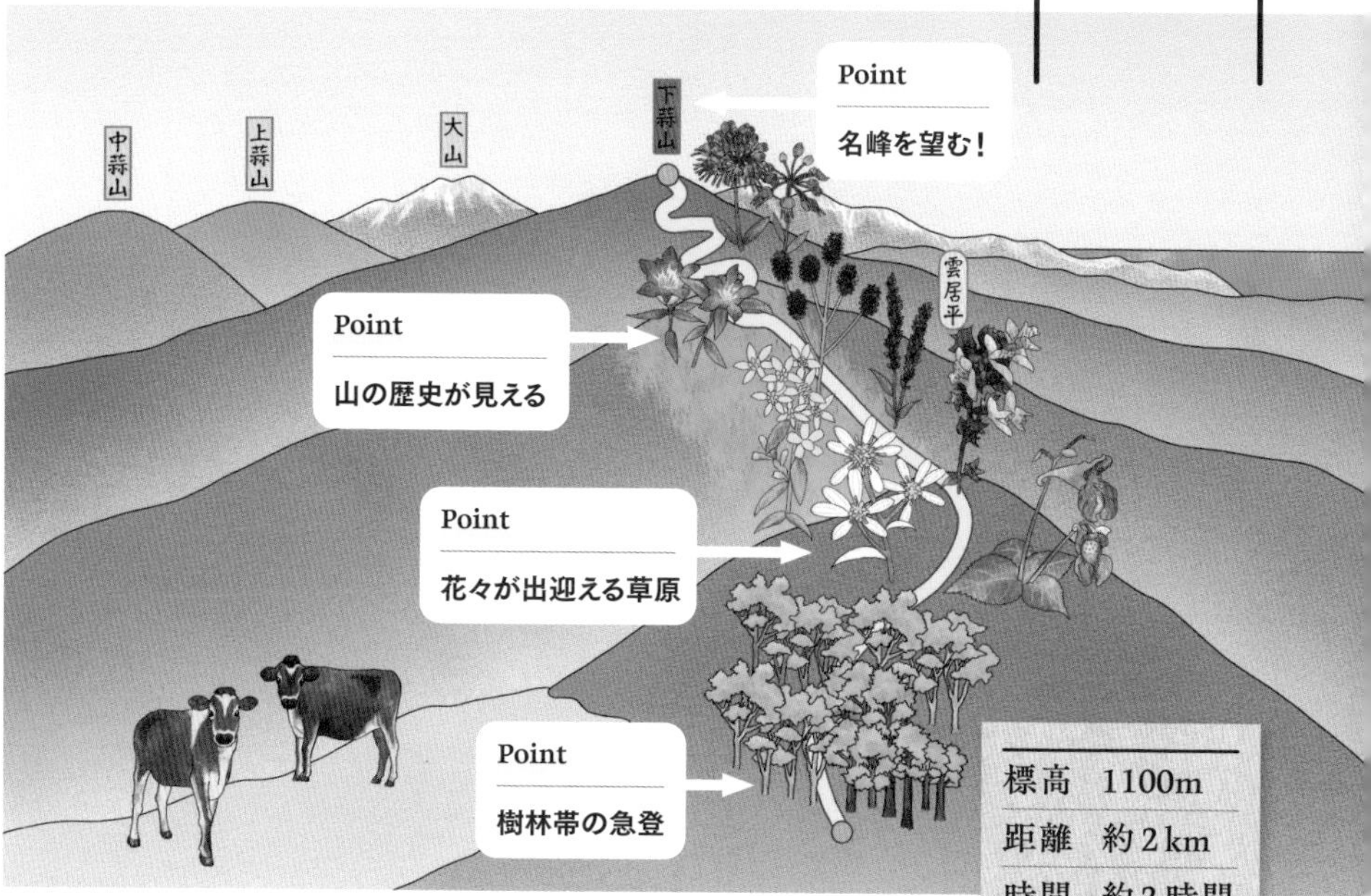

標高	1100m
距離	約2km
時間	約2時間

麓の風景から豊かさを実感できる高原リゾートの山

中国地方の名峰・大山《だいせん》と並び称される人気の山。周辺はリゾート地として知られ、登山だけでなくサイクリングやキャンプなどレジャーも豊富。またジャージー牛や蒜山焼きそばなど名物も多い。今回は蒜山三座のうち、最も東にあり、標高も低い下蒜山に挑む。季節に応じて様々な花が咲き誇る花の名山としても知られるが、その昔は異なる様相だったという。急登を越え、草原での花との出合いを求めて登る。途中にある雲居平《くもいだいら》では山の歴史が見えてくる。

登山口～雲居平

なだらかな山容に裏切られる急登を越えて

登山前、蒜山を望む朝鍋牧場に足を運んだ類さん。広々とした牧場には、ジャージー牛が放牧され、のんびりと草を食む。好奇心旺盛な性格ゆえ、類さんが近づくと、牛もまた集まってきた。頭をなでて触れ合うも、牛たちは類さんが餌をくれないと分かると興味をなくし、思い思いに離れていった。

心地よい日差しが差し込む広葉樹の森を進む

下蒜山の登山口は、蒜山三座の稜線が東に落ち込む犬挟峠《いぬばさりとうげ》。周辺は広葉樹の森が広がり、しばらくはその中の歩きやすい平坦な道を進む。スタート早々に足元で紫色のツリフネソウが歓迎してくれる。

道は徐々に斜度を増し、10分ほどで稜線に出る。山頂に向かって右が鳥取県、左が岡山県の県境に沿うように道は続く。「これからそれなりに登りがきつかったりするでしょう」と類さんが予想した通り、先が見えないほど上へとのびる階段に出くわす。

先客が軽い足取りで類さんを追い越す。それを呆然と見送り、マイペースで200段以上続く階段をこなす。その先には鎖場も現れた。火山灰由来の黒土に足元も取られ、苦戦の連続だ。

1時間かけて登り切ると森は途絶え、草原のような笹原に立つ五合目の道標が出迎えてくれた。

ここでみえる

リンドウ

秋の蒜山を代表する花。朝夕の寒暖差を利用して、山麓では栽培も盛んに行われている。

Column

かつては農業不適地!? 蒜山高原の土壌改良

かつては草葉山と呼ばれ、人々が草を取るための山だった蒜山。室町時代から草原の維持を目的に、山焼きが行われていた。それは火山灰の影響により、この周辺の土壌が農業には適さなかったため。刈り取った草と牛の糞を混ぜて肥料を作り、土壌改良を重ねてきたのだ。その結果、肥沃な大地となり、有数の農畜産地帯となった。

雲居平〜山頂

高原のパノラマを眼下に爽快な笹原の空中散歩

五合目の笹原の先に、下蒜山の山頂が見えてきた。「いや〜なかなかのものではないですか！」。眼下には蒜山高原の田園風景がミニチュアのように展開している。

雲居平と呼ばれる六合目付近から、草原の先にある山頂を捉えつつ、快調に飛ばしていく。しかもこの先から花の宝庫となるという。「あ、きれい！　蜜を吸っているのだよね」と類さんが早速、アキノキリンソウを見つける。その花に濃い黄色の蝶・キタテハが、類さんの存在など気にかけず、いつまでも花に留まっている。

ノアザミ、リンドウなど次々と秋の花を見つけて立ち止まり、じっくりと愛でる類さん。「こういうところに目が向くようになると、いい年の取り方をしてるかなって思うよ」。

山頂に向けて笹原の勾配も上がる。途中つづら折りの曲がり角で休憩を取り、今来た道を振り返って眺める。稜線の北にある鳥取県側は森に覆われ、岡山県側は笹原という、県境で植生に明瞭な違いがある。これは蒜山高原を土壌改良するために行った山焼きの結果。実はこの特異な景観は人の手によるものだったのだ。

つづら折りが終わると、山頂までは滑りやすい急登。それでも汗ばむ体に当たる稜線を抜ける風が心地よい。

ベンチがある広い山頂に出た。人の営みを感じる蒜山高原から、目を転じれば中蒜山と上蒜山、その先に人を寄せ付けないような神々しい大山の姿が見えた。

稜線の左側が鳥取県、右側が岡山県とはっきり分かれる

山頂からの眺望。最も高いのが大山

Column

肥沃な大地だけでなく花の名山を生んだ山焼き

蒜山高原の土壌改良のために行われてきた蒜山の山焼き。そのため、高木が育つことがなく、日当たりが良くなり、背の低い草花が育ちやすくなった。岡山県に自生する植物約2500種のうち、蒜山には約2000種の植物が自生していると言われる。春のカタクリ、イカリソウ、夏のキキョウやオニユリなど四季折々に楽しめる。

類さんの一句

秋蝶《あきちょう》の　魂そっと　置きたまふ

秋蝶＝秋の季語。
句意：蒜山の頂上近くで出会った秋蝶が、花(アキノキリンソウ)に留まってじっと動かない。まるで時が止まったような緊張感に句作ヒントを得た。羽の破れた秋蝶だけに儚い。同行者の携帯電話を借りて、そーっと撮らせてもらいました。

日当たりのいい場所に群落を作るアキノキリンソウ

蒜山へのアクセス

登山口の犬挾峠へは、車で向かうのが便利。蒜山ICを降り、国道482号を倉吉方面へ。途中「下蒜山登山口」の標識に従い左折。道なりに進み現地。無料駐車場あり。

類'sインプレッション

蒜山高原の開発と花の名山が繋がっていないようで、繋がっていたのですね。この山なくして肥沃な高原も花もなかったことが分かりました。土壌改良に取り組んできた人々の力強さも伝わってくる山でした。

下山の後のお楽しみ
〜ジャージー牛のブルーチーズ〜

蒜山で育てられるジャージー牛はコクが深く、栄養価の高い牛乳で知られる。その牛乳を使った乳製品も多い。こちらのワイナリーでは蒜山産のヤマブドウを使ったワインが自慢。今回は**「山葡萄・赤 2021」**とジャージー牛のブルーチーズのマリアージュを楽しむ。ゆったりとした甘みと芯のある酸味が濃厚なブルーチーズにぴったり。

店舗名	ひるぜんワイナリー
住所	岡山県真庭市蒜山上福田1205-32
TEL	0867-66-4424

エリア 六

九州

行縢の滝の滝壺近くに立つ類さん。圧倒的なスケール感で迫る

宮崎県

行縢山

ヤマトタケル 誕生神話の舞台

山容が狩猟で用いられた古来の装束・行縢に見えることに由来する。その名付け親は日本古代史上の英雄・ヤマトタケルと伝わる。急峻な二つの岩峰の間から、一筋の滝が流れ落ちる姿は、まさに神話の舞台にふさわしい光景だ。物語の主人公になったつもりで山中を巡っていく。

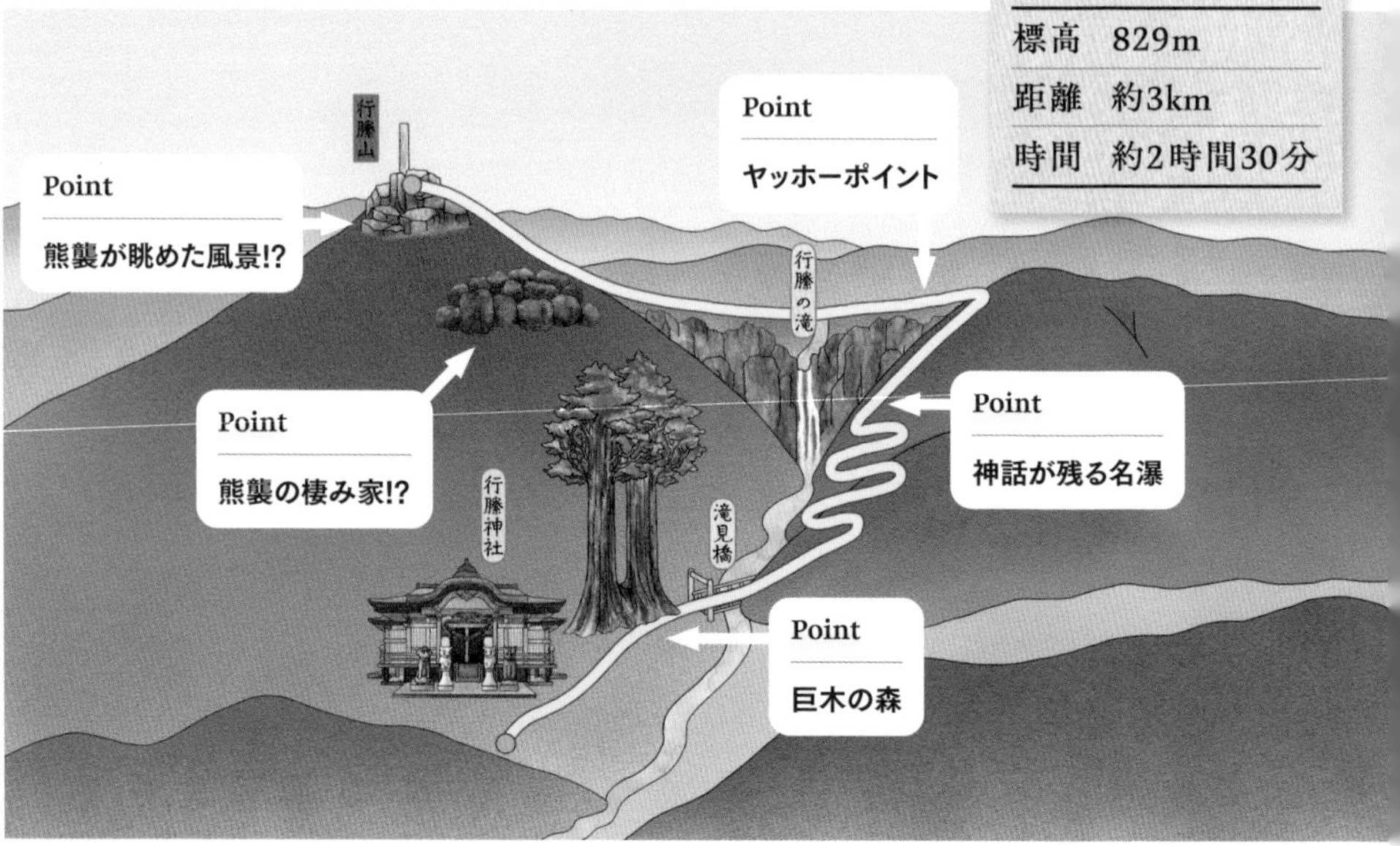

右／登山口となる行縢神社はヤマトタケルを祀る　中／滝見橋は気軽に行ける行縢の滝のビュースポット
左／山中に残る石垣はかつての社や岩屋跡とも言われる

迫力の岩峰ながら延岡市民が親しむ人気登山スポット

延岡《のべおか》市の西に連なる行縢《むかばき》山地の中心に位置する。絶壁がそそり立つ姿が特徴で、行縢の滝を境に雄岳（西岳）と標高８０９ｍの雌岳（東岳）が並ぶ。古くから修験道の聖地として立ち入りが制限され、一帯は原生林が残されている。一見すると難易度が高めに思えるが、登山道は整備され、近隣の遠足などにも利用される。

登山コースは麓の行縢神社から始まり、行縢の滝へ寄り道し、ヤマトタケル伝説の舞台を探っていく。迫力ある光景が神話の世界と重なり合う。

麓にある地ビール工場の駐車場から行縢山を望む

聖なる巨樹の森を歩き、急登の足慣らし

類さんが敬愛する延岡出身の歌人・若山牧水《わかやまぼくすい》は、一日一升の酒を飲んだという。酒と旅と自然を愛する点では両者は一致するが、最近の類さんは、登山のために適量飲酒を心がけている。

さて、今回の行縢山は、牧水と並び、類さんが愛する神話の舞台となった山だ。まずは麓の行縢神社へ参拝することから登山を始めることにする。

静寂の森の中に佇む行縢神社が祀るのはヤマトタケル。同社の由来書にもヤマトタケルがこの地に足を運んだことが記されている。それを耳にして「めちゃめちゃ楽しみですね」とこれからの山行に期待を寄せる類さん。

樹齢200～300年のスギの大木が並ぶ森を行く

Column

ヤマトタケルの神楽歌

行縢神社には次の神楽歌が伝わる。

布引の矢筈の滝を射てみれば
カワカミタケル落ちて流るる

ヤマトタケルが、この滝に向け矢を放つと、カワカミタケルが落ちて流れてきたことを表現しているという。行縢山には、抵抗する豪族の熊襲の砦があった。ヤマトタケルは女装して宴会に紛れ込み、大将であるカワカミタケルを討伐した伝説が残る。討伐の後、行縢の滝でこの歌を詠ったという。

登山道は鳥居の横から森へと続く。スギの巨木が立ち並び、聖域として守られてきたことが分かる。「神話の舞台であったという雰囲気が濃くなってきましたね」。戦前まで修験者の修行の場であった山道はどこか厳かな空気が漂う。

行縢神社から30分で吊り橋が現れた。そこから山へ目を転じると、巨大な岩壁から流れ落ちる行縢の滝の姿。「いやぁ、すごいな」。神様の仕業とも思える、この滝こそが神話の舞台。行縢神社には、ヤマトタケルがこの滝について詠《うた》ったとされる歌も伝わる。それはこの山で、敵対する豪族・熊襲《くまそ》の大将カワカミタケルとの戦いを描いた内容。また実際に、行縢山には熊襲が住んでいたという文書も残る。「いいですね、ロマンがあって」と語る類さんの頭の中には、きっとその神話の映像が映し出されているのだろう。

神の使いとされる猿の狛犬がある行縢神社

滝見橋〜ヤッホーポイント

急登の苦労を振り返る断崖絶壁の上に立つ

滝見橋を過ぎると道は険しくなり、大きな岩がいくつも顔を出す。巨岩に埋め尽くされた沢には、木の橋が架けられているものの、油断はできない。

突き当たりに現れた岩壁を避けるように、道はつづら折りとなる。「落石注意」の看板が緊張感を高める。「ほんとに無骨な山って感じだね」。絶壁の山容に違わぬ道のりに、類さんも手こずっているようだ。小学校の時に遠足で来たという同行者も「え？　行縢山ってこんなに険しかったっけ？」と自らの記憶を疑い始める。「そうだよ」と返答する類さんこそ、この山は初めてだ。

行縢山を構成するのは花崗斑岩という硬い岩。約１５００万年前の火山活動でマグマが、すでにあった割れ目に流れ込み冷えて固まった。周囲の地質より侵食に強いことから、この場所だけ取り残され険しい山が形作られた。

骨が折れる急登をなんとか乗り越えると分岐に辿り着く。ここはそのまま山頂へ向かわず、少し寄り道して行縢の滝方面へと進む。一部滑りやすい足場に注意しながら歩くこと5分。さきほど滝見橋から見た行縢の滝が、視界に収まらないほどの大きさで現れた。

落差77mの滝が垂直の岩盤から、水しぶきとともに流れ落ちる。「空から落ちてきているね」。まさに類さんの表現がぴったり当てはまる圧倒的な迫力だ。

岩盤をよく見れば、しがみつくように赤紫のミツバツツジが咲く。「なんだかホッとするね」。岩山でありながら、可憐な花が目を楽しませてくれるのも、この山の魅力だ。

岩で埋められた小さな沢に架けられた橋を慎重に渡る

ここでみつけた

ミツバツツジ

ミツバツツジやアケボノツツジなど、行縢山は春に咲くツツジ類を目当てに足を運ぶ人も多い。

滝見橋の先にある巨大な岩壁から厳しい登りが始まる

山頂への道沿いに戻り、再び険しい道の試練。「熊襲はこういうのにも慣れているんだろうね」。息が上がろうが類さんの空想は止まらない。急登を進むこと20分。滝の上に位置する稜線へと出た。そこにある小さな祠から、細い道がのびている。辿り着いたのは、これまでの道のりと雄岳を一望できる絶景の展望地だった。

岩がいくつも露出するつづら折りの道を進む

ヤッホーポイント〜山頂

ヤッホーがこだまする絶景から天空の頂へ

「ここは見張り場ですよ」。断崖に立つ類さんは熊襲の気分で眼下を眺める。「ヤッホー！」と同行者が叫ぶと、時をおいてそれがこだまとなって返ってきた。「ここから『敵が来たぞ！』って叫べば反響するよね」。

六合目付近の森の中のなだらかな登りを行く

登山道に戻り、しばらく下ると行縢の滝の源流となる行縢川に出る。岩に敷かれた滑り止めの金網を踏みしめ、川を渡り、再び森へ。そこには苔むした石垣が点在している。詳細は不明らしいが、かつてここに人が暮らしていたという。「熊襲もここなら十分住めたね」。もはや類さんにとって神話は現実のものになっているようだ。

山頂が近いことを知らせる九合目の道標が立つ。「じゃあ最後は熊襲走りで登りましょうか！」。同行者やカメラをそっちのけで走り出すのは、類さんが時折見せる悪い癖だ。

切り立った岩の上にある山頂からは、延岡のまち並みの先に、ヤマトタケルが渡ってきたという日向灘が霞む。熊襲はその姿をここから見張っていたのだろうか。

Column

ヤマトタケルの名前も行縢山で生まれた!?

行縢山の名付け親でもあるヤマトタケルノミコトは、もともとオウスノミコトという名前だった。西国で最も強大だった熊襲のリーダーであるカワカミタケルを討った勇敢さを称えて、強者の称号でもあったタケルという名前を譲られたと伝わる。行縢山があったからこそ、ヤマトタケルという名の英雄が生まれたのかもしれない。

山頂からは晴れていれば四国最南端の足摺岬《あしずりみさき》も望める

類さんの一句

雄叫びの
木霊して消ゆ
山桜

山桜＝春の季語。
句意：行縢山の雄岳に向かって叫んだ「ヤッホー」が木霊《こだま》す。それを句作ヒントにした。熊襲(カワカミタケル)が滅ぼされてしまった儚さを山桜に重ねた。「雄叫び」はタケル（猛）のイメージにも響き、ドラマチックな一句となったかも…。

滝見橋がミニチュアのように小さく見えるヤッホーポイント

行縢山へのアクセス

登山口となる行縢神社へは、公共交通機関の場合、JR延岡駅からバス「行縢山登山口」行き乗車。終点下車。

車の場合、舞野ICを降り、国道218号を大分方面へ。その後「行縢山」の標識に従って進み現地。無料駐車場あり。

類'sインプレッション

歴史的事実かどうかは別として、行縢山の姿を見れば、これが完全に砦であり、人が住める場所だったことを感じることができました。神話好きの僕としては感激しました。もうあと２、３回は登りたいですね。

下山の後のお楽しみ
～チキン南蛮～

延岡発祥と言われるチキン南蛮。鶏肉を卵の衣で揚げ、甘酢にくぐらせタルタルソースをかける。延岡では甘酢だけで味わうスタイルも存在する。こちらではまろやかな自家製タルタルソースでいただく。お酒は行縢山の湧水で仕込んだ地ビールの**ひでじビール「太陽のラガー」**。爽やかな苦味と柔らかなコクが調和し、チキン南蛮と相性抜群。

店舗名	麦酒蔵 Hideji
住所	宮崎県延岡市中町1-4-10はにわ会館2階
TEL	0982-35-2222

宮崎県

双《ぼろ》石《いし》山《やま》

圧巻の奇岩と山小屋の物語

巨岩や奇岩が次々と現れ、刺激に満ちた山。その魅力も手伝って宮崎市民から親しまれ、シンボルのひとつともされる。途中にある山小屋で、登山客との交流も楽しい。変化に富んだコースを歩けば、愛される理由が自ずとわかるはずだ。

ロッククライミングのゲレンデにもなっている「象の墓場」

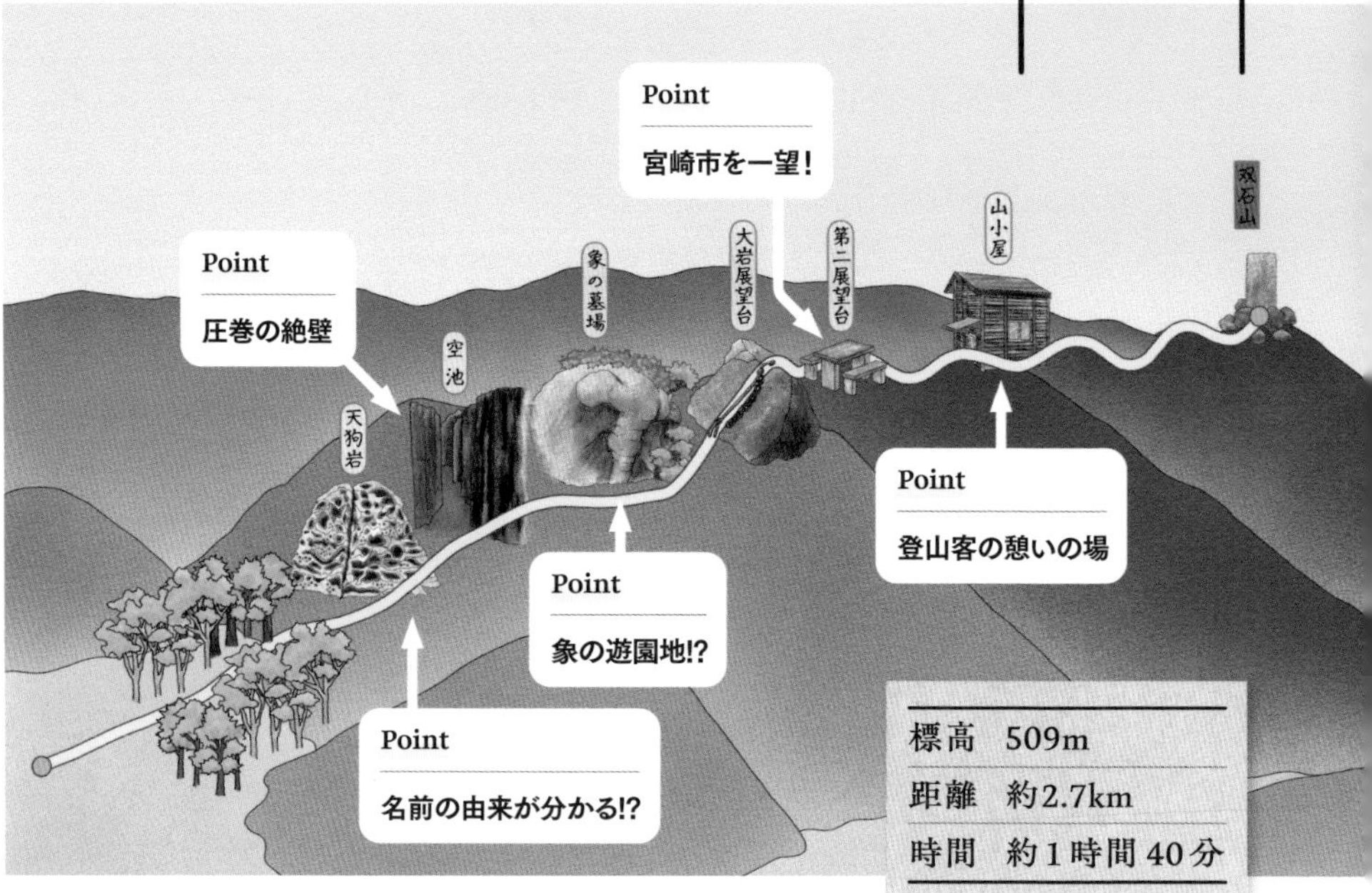

標高	509m
距離	約2.7km
時間	約1時間40分

難所も点在する登り応え十分の宮崎市のシンボル

宮崎市南部の鵜戸山地に列する双石山。宮崎市街地からもその波打つ稜線の山容が望める。わにつか県立自然公園、自然休養林に位置し、天然記念物にも指定されている。登山コースはいくつか設定されているが、今回は小谷《こたに》登山口から第二展望所を経て、稜線を進み山頂を目指す。その山容が表す通り、立ちはだかるような巨岩や岩場などの難所を越える。ちょうど中間地点にある山小屋「双石小屋」で、この山を愛する地元登山客との心温まる交流も楽しむ。

登山口～象の墓場

先人たちの想像力に触れる奇岩との出合い

難読山名の代表格のひとつだろう。「ぼろいし」となったのは、実際に山へ登ればわかるらしい。

小谷登山口から登り始めると、すぐに開けた伐採地となり、威圧感のある山肌が迫りくる。これからの難所を予感させる風景だ。「ああ、スミレがきれいじゃないですか」と、足元のスミレには触れるが、あえてその風景には触れようとしない類さん。

鬱蒼とした照葉樹林に入る。同時に道沿いには巨岩が目立ち始めた。

歩き始めて40分。「これはすごいじゃないですか！」。立ちはだかる岩壁を前にして類さんが思わず声を上げる。高さ20mほどの岩壁「天狗岩」の表面には、無数に大小の穴が開き、摩訶不思議な凹凸の造形を見せる。

岩壁の下には崩れ落ちた岩が、細かく砕け、砂となり積もっている。「砂がボロボロに。これで『ぼろいし』なんですよ」。類さんは、この山名の由来を見事に言い当てた。

森に突如現れる天狗岩。岩壁の下には耳の病を治すと言われる針の耳神社の社がある

天狗岩の先の巨岩のトンネルを抜けると、再び垂直に聳える岩壁「空池《からいけ》」の底に降り立つ。

次々に現れる神秘の光景のクライマックスは、高さ40mの岩壁が囲む巨大空間「象の墓場」だ。岩の割れ目が巨象に見えるらしい。「子象に見えます。墓場じゃないですよ。ここは象の遊園地です」。確かに類さんの提案のほうがふさわしいかもしれない。

Column

神秘の岩の造形物は海底だったから!?

およそ800万年前、海底だったこの周辺に、砂岩や礫岩が交互に堆積し、その地層が斜めに隆起してできたのが双石山だと言われる。砂岩や礫岩は崩れやすいため、表面に無数の穴が開いた、独特の造形を持つ奇岩となることがある。また海底だった証として、双石山ではアナジャコなど甲殻類の巣の跡が生痕化石として見られる。

象の墓場～山頂

連続する難所を越え地元ハイカーと触れ合う

象の墓場からは急登が連続する。まさに地の底から這い上がるような趣だ。急登の斜面をサツマイナモリの小さな白い花が埋め尽くす。「いやぁこれはびっくり」。先ほどの急登の辛さも忘れてしまいそうなほど可憐だ。

稜線上もロープ場が現れるので油断できない

ただしそれもつかの間。尾根に出ても、標高差は１００ｍほどの厳しい岩場や急な斜面が続く。「みんなに愛されてるアイドル的な山と言ったのは読み違えたかな…」。登山前、オープニングで自ら語ったコメントを後悔しているようだが、撮り直しはできない。

悪戦苦闘を続けること約20分で、第二展望所に辿り着いた。宮崎市街地の全景と、その先に広がる日向灘が一望できる。厳しい登りを乗り越えたからこそ味わえる眺望は、至福感をより一層高めてくれる。ただし、ここはまだ中間地点。せめてもの救いは、これから道は比較的なだらかになること。

木漏れ日が差す心地よい森の稜線を歩いていくと、山小屋が現れた。中では囲炉裏を囲んで先客がくつろいでいる。類さんがその前に座ると、炉端焼きの店内に見えてしまうのは致し方ない。

市民の手で作られた双石小屋。天井に掲げられているのは、再建時に関わった人の名前。その数の多さから、この山への愛情の深さが分かる。

山小屋での交流で英気を養った後は、アップダウンが続く稜線歩き。「山頂がそろそろもう見えてもいいはずだよね」と類さんの鋭い勘が働く。山頂に辿り着いたのは、それから約25分も後だった。

Column

人々の思いが詰まった山小屋「双石小屋」

悪天候時の避難はもちろん、交流の場にもなっている双石小屋。1957（昭和32）年に宮崎営林署と地元山岳会の手により建てられた。しかし1962（昭和37）年に心無い登山客により荒らされ、しばらく閉鎖していた。1991（平成3）年、宮崎山岳会によって再建が始まり、多くの市民ボランティアの協力を経て、現在の二代目小屋が完成した。

双石小屋の中で囲炉裏を囲み、話が弾む

類さんの一句

草《くさ》萌《も》えて
アヴァンギャルドの
地層かな

草萌え＝春の季語。サツマイナモリの花が咲き誇っていた光景もこの季語に託した。句意：天狗岩に象徴される奇岩が句作モチーフ。アヴァンギャルドとは既成の通念を超えた芸術運動。超絶な奇岩・天狗岩を喩えた。山は草萌えの季節にあり、巨岩が一層際立って見えた。

天狗岩を越えて、下った場所にある空池の岩にも圧倒される

双石山へのアクセス

小谷登山口へは、車で向かうのが便利。宮崎ICから国道220号、県道27号経由、途中「双石山登山口」の標識に従い現地。無料駐車場あり。

類'sインプレッション

地元の人にあれだけ愛されている理由のひとつは、自然のアートが宮崎の人のハートを摑んでいるからではないかと思います。その愛情の結晶が双石小屋ではないでしょうか。また素晴らしい山旅ができました！

下山の後のお楽しみ
～地鶏の炭火焼き～

地鶏を小口切りにして、炭火で直接燻すようにして焼く宮崎の郷土料理・鶏の炭火焼き。直火による煙でコーティングされることで、それが燻製のような香ばしさとなり、ジューシーな鶏肉の味わいをさらに引き立てる。酒は双石山の伏流水で仕込んだ**落合酒造場**の**芋焼酎「蒼い永劫」**のお湯割り。柔らかな口当たりで切れもよく、軽い味わいだ。

店舗名	居酒屋 たかさご
住所	宮崎県宮崎市橘通西3-1-10
TEL	0985-22-2363

宝満山の難所として知られる百段ガンギを登る

福岡県

宝《ほう》満《まん》山《ざん》

千年登り継がれる祈りの山

遥か昔、唐を目指した船旅の安全を、またある時は大陸からの外敵の撃退を、人々は宝満山で祈願するために登った。様々な祈りを託してきた山は、千年の時を超えて、楽しみや健康のための登山スポットとして多くの人が足を運ぶようになった。先人たちの足跡を辿り、今に続く人気を探る。

 太宰府市街地から玄界灘まで望める山頂

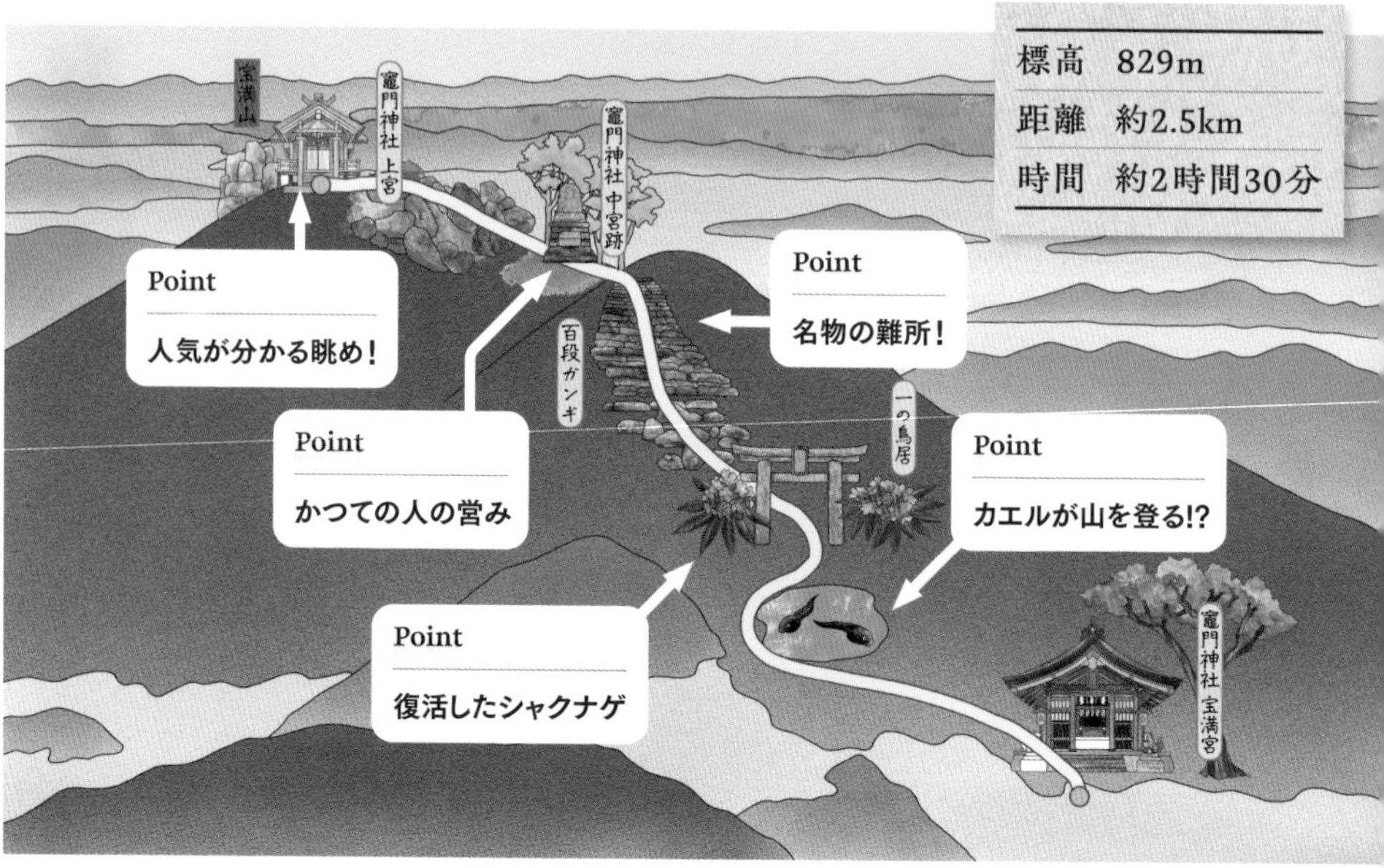

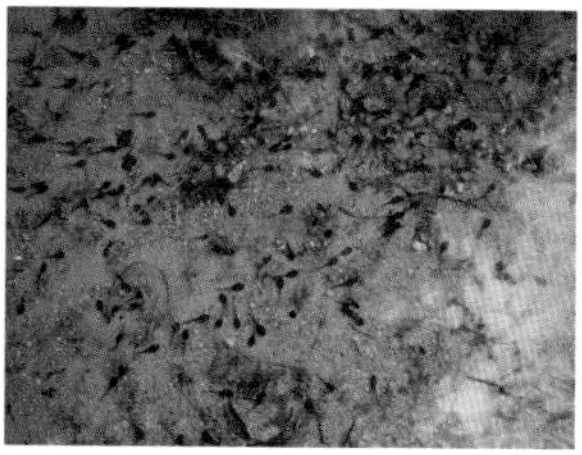

右／麓の池で生まれたオタマジャクシ。カエルになると山頂を目指し登る　中／登山道の石段には地元ハイカー手づくりの石仏が顔を出す　左／山頂上宮は大陸や海を意識して北向きに建てられている

信仰の歴史を紡ぐ
九州一の人気峰で
本格登山の腕試し

太宰府を代表する桜と紅葉の名所・宝満宮《ほうまんぐう》竈門《かまど》神社《じんじゃ》。その御神体として鎮座する宝満山は、古くから修験道の地として人々が足を踏み入れた。現在も整備された登山道がのび、そのロケーションの良さから年間約10万人ものハイカーが訪れるほどの人気だ。今回は竈門神社から山頂の上宮につながるポピュラーなコース・正面登山道を歩く。登山道に残された歴史を物語る遺構や、地元の人々との出会いを通じて、この山が連綿と愛されてきた理由を探っていく。

上宮の裏手は切れ落ちた岩場で足がすくむ

登山口～百段ガンギ

頂を目指すカエルの子との出会いに励まされる

太宰府の鬼門を守る場所に位置する竈門神社がスタート。道は緑に包まれた沢沿いにのびる。清らかな流れにはサワガニが遊ぶ。連日多くの登山客が足を運ぶものの、聖域として自然が守られてきたことが分かる。

シャクナゲに彩られた鳥居から続く古い石段

森の中に池が見えた。畔に立ち水底を覗くと、底を覆うほどの数のオタマジャクシが泳ぐ。「かわいいな」と類さんも目を細めるこのヒキガエルの子供は、5月になると一斉に陸に上がり、10万匹が山頂を目指して登る不思議な習性がある。その謎は解明されていないが、これも宝満山の名物。「じゃあ僕たちもカエル跳びで」。膝の痛みに悩まされる類さんができない冗談を放ち、同行者も苦笑するほかない。

池から10分で巨大な石造りの鳥居に辿り着く。鳥居の周囲をシャクナゲの淡いピンク色が彩る。この先が聖域を示す鮮やかな演出のようだ。江戸時代に造られた鳥居の奥に続く石段も同時代のもので、なかには南北朝時代の石もある。歴史の風格が漂うその石段を類さんは登り始めた。

ここでみえる

宝満宮竈門神社

創建以来1350年以上の歴史があり、厄除けや縁結びにご利益があると信仰されてきた。

Column

宝満山の登山史 その1

人々が宝満山に登るようになったきっかけのひとつに、奈良・平安時代にかけての遣唐使の存在がある。大陸の豊かな文物を目指し、玄界灘を命がけで渡った使節は、出港地の博多を望む宝満山に登り、航海の安全を祈った。また天台宗を開いた最澄も遣唐使として、大陸へ渡った一人。帰国後再び宝満山を訪れ、六所宝塔を建てた。それにより密教を学ぶ人達がこの山へこぞって登るようになった。

偏愛常連客に舌を巻き、苦戦しつつも山頂へ

山頂直下の岩場はロープを使って登る

類さんを次々と常連客が追い越していく。途中ベンチのある場所で一息つく。そこに置かれているのは、地元山岳会が緊急時に備えた救急箱。それだけ登山客が多いということだろう。

上から先客が早くも降りてきた。「さっきお会いしましたよね？」と問えば、今日はもう一度登ると言う。この方は宝満山登山を耐久トレーニングとして、一日に最高10回連続も〝おかわり〟した猛者らしい。

開けた場所で福岡市内と玄界灘を一望する。「なるほど、この山は船の目印になるのですね」。下界がよく見えるということは、麓や海からもこの山がよく目立つはず。それが信仰の対象となるのも自然な流れだろう。

一際急で長い石段・百段ガンギが行く手を阻む。「これで1段…」。苦しさを紛らわすように、数えながら登る。「１００段！」。登り詰めた先は、石垣が残る広場。かつてここに３００を超える建物があり、人々が暮らしていた。さらにその先に現れたのは、竈門神社の中宮跡。大講堂、鐘楼、九重塔などがあったといわれ、今とは異なる賑わいが目に浮かぶ。

山頂が近づくにつれ、足元は岩場となり、ロープを使う難所もある。人気の山とはいえ、確かに鍛錬の場でもあるようだ。

最後の階段を駆け上がる類さん。上宮が鎮座する山頂からは、さらに高度感を増した博多湾の絶景。反対側は巨岩並ぶ絶壁が切れ落ちる。「うわぁ凄い！」。先人たちも見たであろう風景に、類さんは往時に思いを馳せた。

Column

宝満山の登山史 その2

鎌倉時代の蒙古襲来時に、人々は宝満山の霊力に頼り、外敵退散を祈るほかなかった。これがきっかけで山伏や修行僧、刀鍛冶やその家族数千人が暮らすようになり、中腹には大規模な集落が形成された。幸いにして元軍が退却したことで、宝満山はさらに強力な霊力を宿す存在として崇められるようになり、参拝登山がますます盛んになった。

宝満山への愛情が伝わるTシャツを着た常連登山客

類さんの一句

石楠花《しゃくなげ》の
風に振り向く
石だたみ

石楠花＝初夏の季語。
句意：竈門神社の上宮へと続く石だたみはハード。その途中にふと心休まる石楠花が咲き誇っていたので句作モチーフとした。石楠花の風が吹いてくるようで心地いい。花の傍には石灯籠が建っている。参道の石だたみと石灯籠、そして石楠花の「石」の文字が呼応している。

一時は盗掘で減少したシャクナゲだが、有志により再び植栽されて復活した

宝満山へのアクセス

登山口となる竈門神社には、公共交通機関の場合、西鉄太宰府駅からコミュニティバス「まほろば号」内山線に乗車、終点下車。徒歩の場合、西鉄太宰府駅から約40分。

車の場合、太宰府ICを降り、国道3号を太宰府方面へ。県道75号、35号、578号を経由して現地。有料駐車場あり。

類'sインプレッション

これほど見事な石段を整備するのは当時の国家的大事業だったと思います。山を登って歴史を理解する面白さを堪能できました。それに信仰の山だったのが、現代の人たちには、楽しみやトレーニングの場になっているのも印象的でしたね。

下山の後のお楽しみ
〜ごまさば〜

玄界灘で獲れた新鮮な魚介が豊富な博多地方。傷みやすいサバも、昔から生で楽しまれてきた。今回はサバを薄く切り醤油や味醂とゴマで和えた郷土料理「ごまさば」を味わう。ご飯の上に乗せて食べるのも人気だが、今回はしっかりとした米の風味が特徴の**大賀酒造「吟醸焼酎　太宰府」**と合わせれば杯が進む。

店舗名	飯屋 いの吉
住所	福岡県太宰府市宰府2-1-16
TEL	092-922-7070

石造りの仁王像の膝をさすり、膝痛治癒のご利益を期待する

大分県

両《ふた》子《ご》山《やま》

文化を育んだ鬼の棲む山

鬼が造ったとされる無数の石仏や鬼にまつわる巨岩。国東《くにさき》半島の最高峰・両子山には数多くの鬼の伝説が残る。また、神と仏を一体として祀る神仏習合発祥の地ともされる。独自の宗教文化が息づく歴史的背景を山中で見つけ出す。

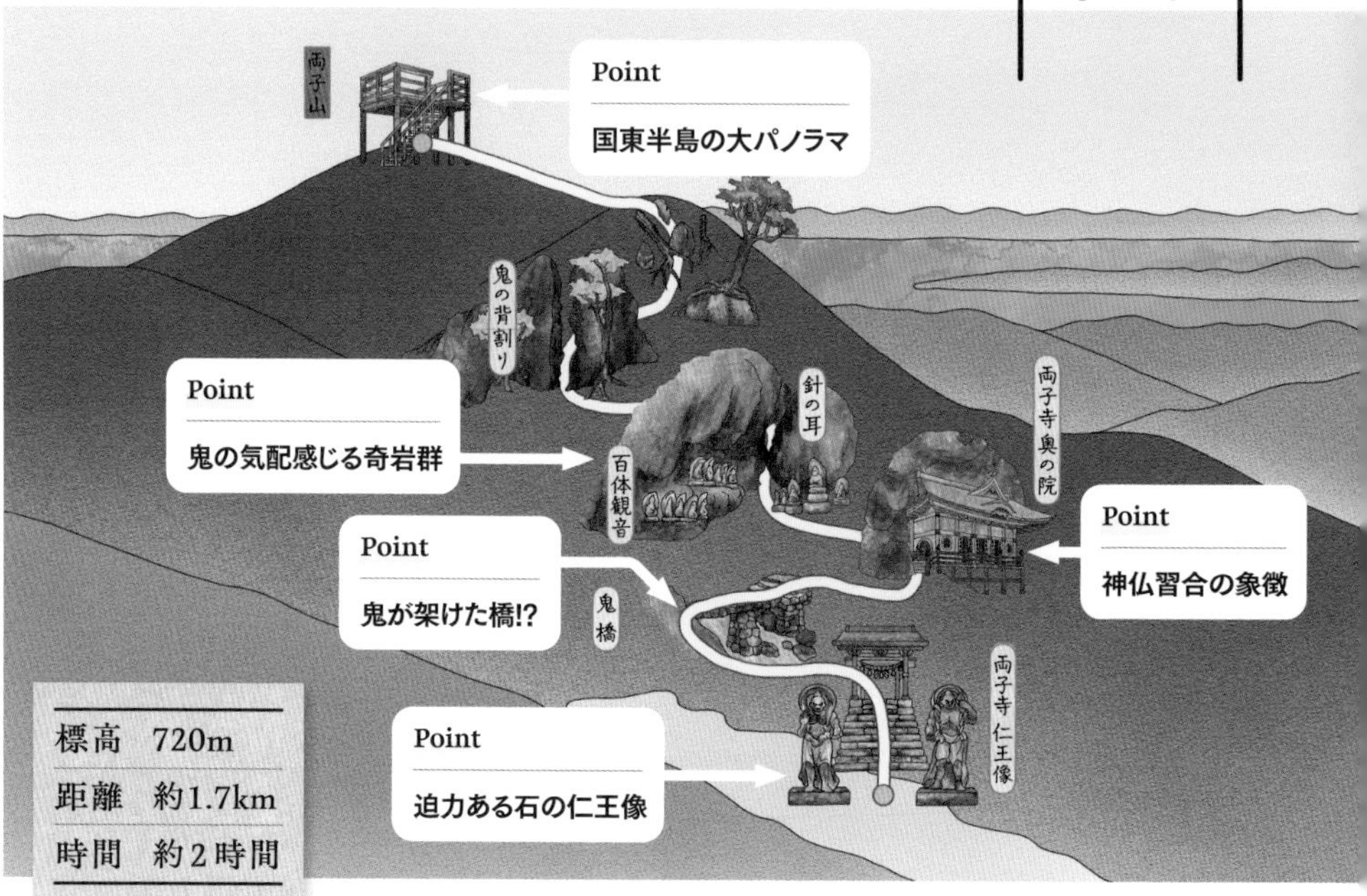

標高	720m
距離	約1.7km
時間	約2時間

見どころも多いが意外と手強い国東半島の主峰

瀬戸内海に丸く突き出た国東半島のほぼ中央に聳える両子山。麓にある6つの郷に散在する寺院を総称して「六郷《ろくごう》満山《まんざん》」と呼び、独自の宗教文化が残る。登山口となる両子寺はそれらを統括する存在。道中には両子山の七不思議と言われる鬼にまつわるスポットもあり、飽きが来ない。ただし修行のような急登もあり、万全の準備で挑みたい。宗教だけでなく、鬼や石造りなど、古くから継承されてきた文化の原点は、頂に広がるパノラマから分かるという。

鬼が伝えた石造り文化の真髄に触れる

2mある石造りの仁王像が、両子寺の山門を守る。その足元には「足をさすって強い足にあやかってください」との札がある。「やっぱり膝ですからね」。日頃から膝強化のサプリを摂取している類さんに、これほどありがたい話はない。熱心にさすった上で歩き出す。

力持ちの僧が造った説もある鬼橋は両子寺七不思議の一つ

境内の小川に一枚岩の橋が架かる。力持ちの鬼が運んできたという鬼橋。人が運んだにしても相当な人手と技術が必要だ。欄干はないため慎重に渡る。

鬼橋から長い階段が奥の院まで続く。登った先に立つ奥の院はえぐられた岩壁の中に立つ。寺でありながら、祀られているのは千手観音と双子の神様。ここでは神仏習合が行われている。

建物のさらに奥にある洞窟へ。修行僧はここに籠もって霊力を得ようとした。その際、力の象徴として頼ったのが鬼と言われる。「鬼が棲む山」の異名を持つだけに、類さんも「原点に立ち入った気分になります」と神妙だ。

本格的な登山道は奥の院から始まる。見上げるような岩場の急登は、この先の苦行を暗示しているのかもしれない。

森の中へと入っていく。木々は岩に根を絡みつかせるようにのびる。岩の山を象徴する神秘的な登山道の先に、小さな穴が開いた岩壁が現れた。

Column

伝説の僧が開いた神仏習合発祥の寺

両子寺は、718（養老2）年の創建。奈良時代、国東半島に28もの寺院を造ったとされる伝説の僧・仁聞《にんもん》が開いた。仁聞は生涯で69000体もの石仏を彫ったという。奥の院の本尊は千手観音ながら、両所大権現という双子の男女の神様も祀る。これが仁聞を開祖とする山岳宗教「六郷満山」で、神仏習合の原点と言われている。

ここでみえる

両子寺奥の院

1846（弘化3）年建立。岩屋には多くの石仏が並ぶ。不老長寿や子宝の霊場として知られる。

針の耳～山頂

奇岩の先にある急登に閉口しつつ、頂を目指す

針の耳を、鎖を頼りになんとかくぐり抜ける類さん

　登山道は百体観音の石仏が並ぶ岩壁の小さな穴・針の耳へと続く。奥から鎖が垂れ下がり、どうやらそれを使って通れということらしい。針に糸を通すほど難しいとされるが、意外と容易に通り抜ける事ができるという両子山七不思議の一つだ。

　とはいえ膝に爆弾を抱えた類さんには難関。身をよじり時間をかけてクリアし、思わず「イェーイ！」。

　次に現れたのが巨大な岩が真っ二つに割れた鬼《おに》の背割《せわ》り。その割れ目を凝視した類さんが「ほら、鼻があるでしょ？」と指差す。岩の一部が鬼に見えるらしい。不思議な造形に、人知の及ばないパワーを感じる。

　岩の森を過ぎると稜線まで手強い急登。１００万年前の噴火で生まれた両子山は、長きにわたる侵食で急斜面になった。しかも前日の雨で非常に滑りやすい。ロープや木の枝を握りしめ、足を踏み出すも空回りし、体力を消耗する。実は前日には宝満山ロケが行われ、２日連続登山の強行軍。さすがの類さんも疲労が隠せない。「これは登山というより逃避行だね」。

　尾根に出ても急登が続く。尾根を歩くこと25分。展望台が建つ山頂に出た。

　目の前には瀬戸内海。古代、海に突き出た国東半島は、朝鮮半島から渡来人がいち早く渡ってきたという。彼らが持ち込んだ新たな文化や技術は、この地の人に衝撃的だった。「常人では計り知れない能力を持った人を鬼と呼んだのでしょうね」。鬼の正体を見破った類さんは、満足げに汗を拭った。

Column

新しい文明を伝えた鬼は大陸から来た!?

平安時代以前より、大陸からやって来て都へ向かう船の風待ちの港があった国東半島。そのため渡来人も数多く訪れていた。製鉄や建築の技術を持つ渡来人は、石仏を彫ったり、寺院を建てた。その技術で鬼橋を造ったとの説もある。未知の技術を見て、この地の人たちは、鬼のような不思議な力を感じたのかもしれない。

人ひとりがぎりぎり通れる幅に巨岩が割れた鬼の背割

類さんの一句

灯明の
磨崖《まがい》にそろふ
卯月《うづき》かな

卯月＝陰暦の四月。初夏の季語。
句意：磨崖仏や岩窟が信仰の舞台となる国東半島。両子寺奥の院の洞窟（岩屋）で副住職の寺田さんから意義深いお話を伺った。その時に灯されていた灯明（ロウソクの灯火）が句作テーマ。岩屋は霊水が滲みだしており、しっとりした空気の中に不思議な“気”が満ちているのを感じた。

両子寺奥の院の岩屋。暗闇の岩肌からは水が湧き出ている

両子山へのアクセス

登山口のある両子寺へは、車で向かうのが便利。安岐ICを降り、「両子寺」の標識に従い、県道404号へ。その後、県道34号、651号、55号を経由して現地。無料駐車場あり。別途拝観料300円必要。

類'sインプレッション

国東半島の豊かな自然がなければ、鬼は生まれなかったのかもしれません。かつての人々の自然を敬う気持ちの中から、鬼のイメージが浮かび上がっていった気がします。人間の叡智と自然が同居する場所でした。

下山の後のお楽しみ
～カレイのせごし～

国東半島の南側は、海底からミネラル豊富な真水が湧き出て、上質な魚介類が揚がることで有名。なかでもカレイは徳川将軍家へも献上したほど美味しいとされる。カレイを骨ごと捌き、肝とともに刺し身で味わう。骨のシャキシャキ感と上品な身の味わいが楽しめる。まろやかかつスッキリした味の**南酒造**の**麦焼酎「とっぱい」**も進む。

店舗名	松伴
住所	大分県国東市国東町鶴川235-1
TEL	0978-72-0087

山頂付近はなだらかな笹原が約１kmにわたって続く

佐賀県

天《てん》山《ざん》

風と水が紡いだ天空に広がる花畑

山頂部の平らな稜線が描く通り、そこは広大な草原で多くの花々が咲き誇る。またこの山は、かつては「あまやま」とも呼ばれ、古くから雨をもたらす山として崇められてきた。麓の人々の心と生活に潤いを与えてきた大切な存在だ。

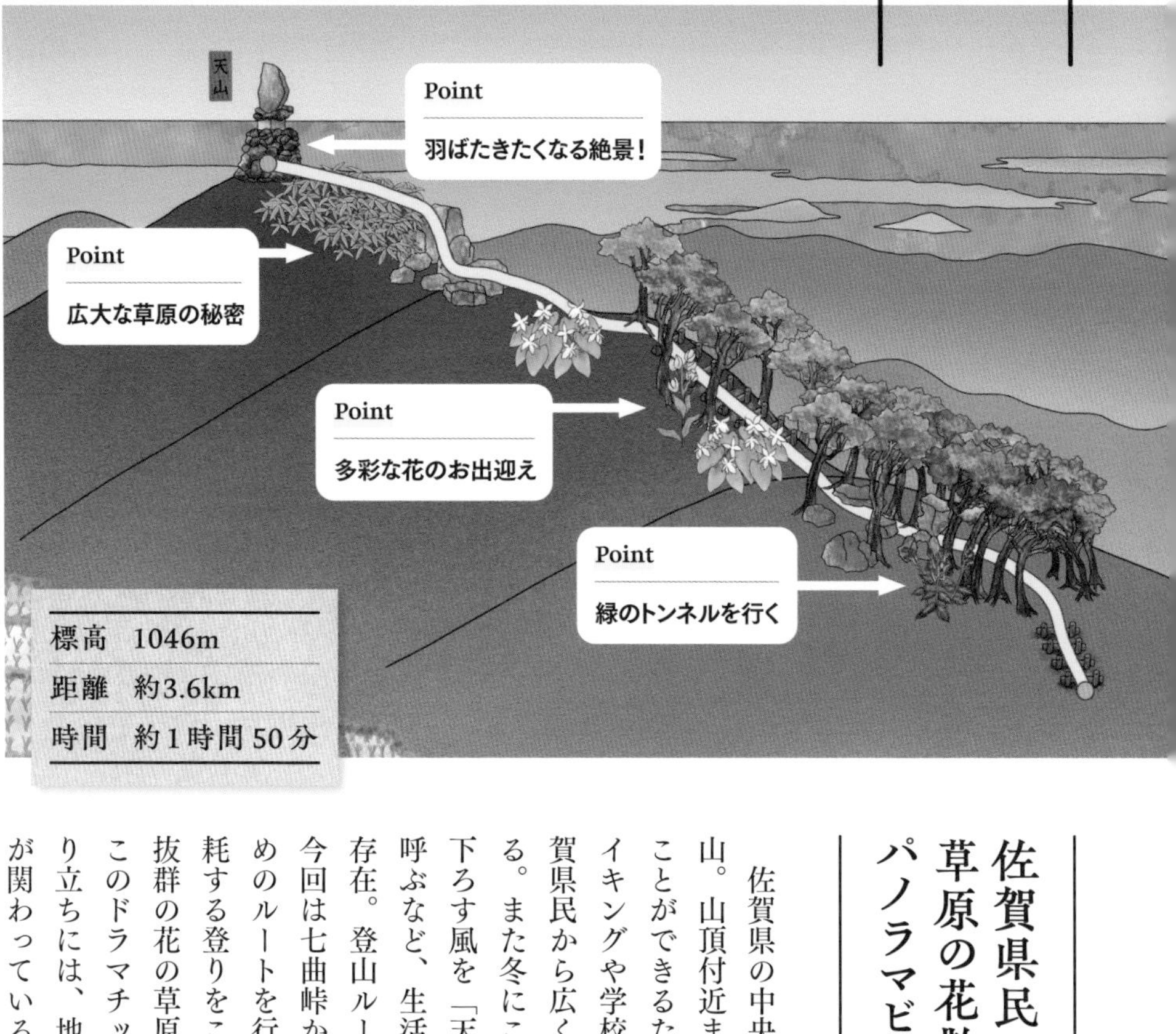

標高	1046m
距離	約3.6km
時間	約1時間50分

佐賀県民が愛する草原の花散歩とパノラマビュー

佐賀県の中央に位置する天山。山頂付近まで車で向かうことができるため、気軽なハイキングや学校遠足など、佐賀県民から広く親しまれている。また冬にこの山から吹き下ろす風を「天山おろし」と呼ぶなど、生活にも密着した存在。登山ルートは主に3つ。今回は七曲峠から登るやや長めのルートを行く。体力を消耗する登りをこなせば、眺望抜群の花の草原が突如現れる。このドラマチックな風景の成り立ちには、地球の地殻変動が関わっているという。

登山口〜岩場

新緑のトンネルを抜けて草原を目指す

登山前に類さんが立ち寄ったのは、天山を仰ぐ位置にある、その名も天山神社。境内の清らかな水に満たされた池では、鯉が気持ち良さそうに泳ぐ。「弁天さんでも祀っているのかな」。類さんの推測通り、天山を御神体と仰ぐ同社は水の神様・弁財天を祀る。その社から祇園川を挟んで天山酒造が建つ。天山がもたらす水の恩恵を象徴するような風景だ。「佐賀にもいい酒があるからねぇ」と類さんの喉が鳴る。

七曲峠登山口はここから車で約20分。見落としそうな登山口の道標の先からは、急登の階段。頭上は新緑に覆われ、息は上がるが木漏れ日は心地よい。

10分ほどの急登をこなせば、なだらかな道へと変わり、木々の間を爽やかな風が抜ける。「歩きやすいですね〜」。類さんも上機嫌だ。その後、アップダウンを繰り返しながら徐々に標高を上げていく。明るい照葉樹林の森の中を道は続いていく。

「あった！」。類さんが見つけたのは、絶滅の恐れがある希少な花キンラン。さらにその先では、小さな白い花カマツカや梅の花に似たバイカイカリソウが次々と出迎える。「花の天山ですね！」。噂通りの多様な花々に、類さんも魅せられているようだ。

急登を越えると、歩きやすい道となり、明るい森の中を進む

ここでみえる

キンラン

広葉樹の根に寄生する菌から栄養を得て育つ。多様性のある森の象徴。

Column

「花の天山」を生み出した気象条件

季節に応じて数多くの花が咲き誇る天山。その主な原因は、玄界灘から吹き付ける強い風や雪。さらに年間約2500mmになる降水量の多さも挙げられる。風雪により木が高く成長できないため、低木中心で構成された森となる。そのおかげで日光が地面まで差し込みやすく、多様な花々が育つ環境が整うこととなった。

岩場～山頂

思わず羽ばたきたくなる開放感抜群の絶景

出発からおよそ1時間。これまで歩きやすい登山道で、花々との出合いを楽しんできた類さん。下界から見えたなだらかな山頂を思い返し、このままの流れで登頂を目論むが、やはり今回も山頂手前での急登が待っていた。

山頂から佐賀平野に向けて羽ばたこうとする類さん

標高差100mを一気に登る岩場は、このコースで一番の難所。ここに現れる岩は蛇紋岩と呼ばれ、天山を形づくる重要な存在ではあるが、それを気に掛ける余裕などない。一瞬視界が開け、佐賀平野と有明海を望める場所で小休止し、さらに急登と格闘する。

標高900mを超えると、頭上を覆っていた木々が姿を消し、広大な笹原へと変化した。ここからが天山の佳境。左手に佐賀平野と有明海、右手に玄界灘のパノラマを眺めつつ稜線を進む天空の散歩道だ。

再び歩きやすくなった道の脇には、ミヤマキリシマ、ヤマツツジなどツツジ類が目立ち始める。「なんかルンルンの道♪　これなら5～6時間は歩いても大丈夫かな」。鮮やかな彩りが、先程までの急登の苦しみを忘れさせたようだ。

「あと100m！」。道標を見た類さんがスピードを上げる。時に後ろ向きになって歩いたりと、周囲が心配になるほど元気だ。

広場のような山頂は360度のパノラマ。斜面がそのまま佐賀平野へと落ちている錯覚すら覚える。

「いやいや、もうここから飛んじゃおう！」。羽ばたく鳥のように両腕を広げる類さん。もちろん飛びはしないが、それほど気持ちを昂らせる絶景だった。

山頂付近には蛇紋岩が露出している

Column

豊かな佐賀平野は天山のおかげ

天山は花崗岩の地殻を蛇紋岩が突き上げてできた山。山頂付近は突き破った蛇紋岩が露出している。蛇紋岩はマグネシウムを含み、木が成長しにくいため、山頂は草原となっている。その反面、マグネシウムなどのミネラル分は農業や酒造りに適し、麓の佐賀平野を潤すことで、麦と米の二毛作ができるほど、豊かな土地をつくりあげた。

類さんの一句

天《てん》上《じょう》に
ミヤマキリシマ
忘れ置く

ミヤマキリシマ＝晩春〜初夏の季語。
句意：鮮やかなピンク色のミヤマキリシマが天山の頂上近くに咲いていた。その可憐な姿は、背の低い笹原（クマザサ）の上に天女が忘れ置いた衣のよう。この句に主語（天女）はあえて記さない。

山頂近くのミヤマキリシマ。ツツジ類は蛇紋岩の土壌でも育つ

天山へのアクセス

七曲峠登山口へは、車で向かうのが便利。小城スマートICを降り、県道44号を経由し、県道290号を石体《しゃくたい》方面へ右折。そのまま道なりに杉山方面（七曲方面）へ進み、現地。周辺の路肩に駐車スペースあり。

類'sインプレッション

山頂から見た箱庭のような佐賀平野の風景は素晴らしかったです。また、この山が有明海まで潤していることがよく分かりました。天山は美味しい山ですね。小さな花々が健気に咲いていることも印象的でした。

下山の後のお楽しみ
〜鯉のあらい〜

天山から流れる清水川《きよみずがわ》は全国名水百選のひとつ。その清流で晒した鯉料理は、麓の小城市名物。鯉に餌を与えず清流に長時間晒すことで、身が締まり臭みも消える。鯉のあらい（刺し身）は、上品な身に自家製酢味噌を付けて味わう。合わせるのは**天山酒造**の限定酒**「七田 生酛 純米吟醸」**。軽快な酸味としっかりした味のバランスが特徴。

店舗名	清水屋
住所	佐賀県小城市小城町大字松尾2224
TEL	0952-72-2701

金田城の東に位置する二ノ城戸。崩落した上部は復元された

長崎県

城《じょう》山《やま》

国防の島に残る古代と近代の要塞

およそ１３００年前に築かれた壮大な石塁。『日本書紀』にも描かれながら謎多き山城を辿る。行き着いた先に現れるのは、日本の防衛を担った明治期の砲台跡。自然に同化しつつある遺構は、国境の海に浮かぶ対馬ならではの数奇な軌跡を語る。

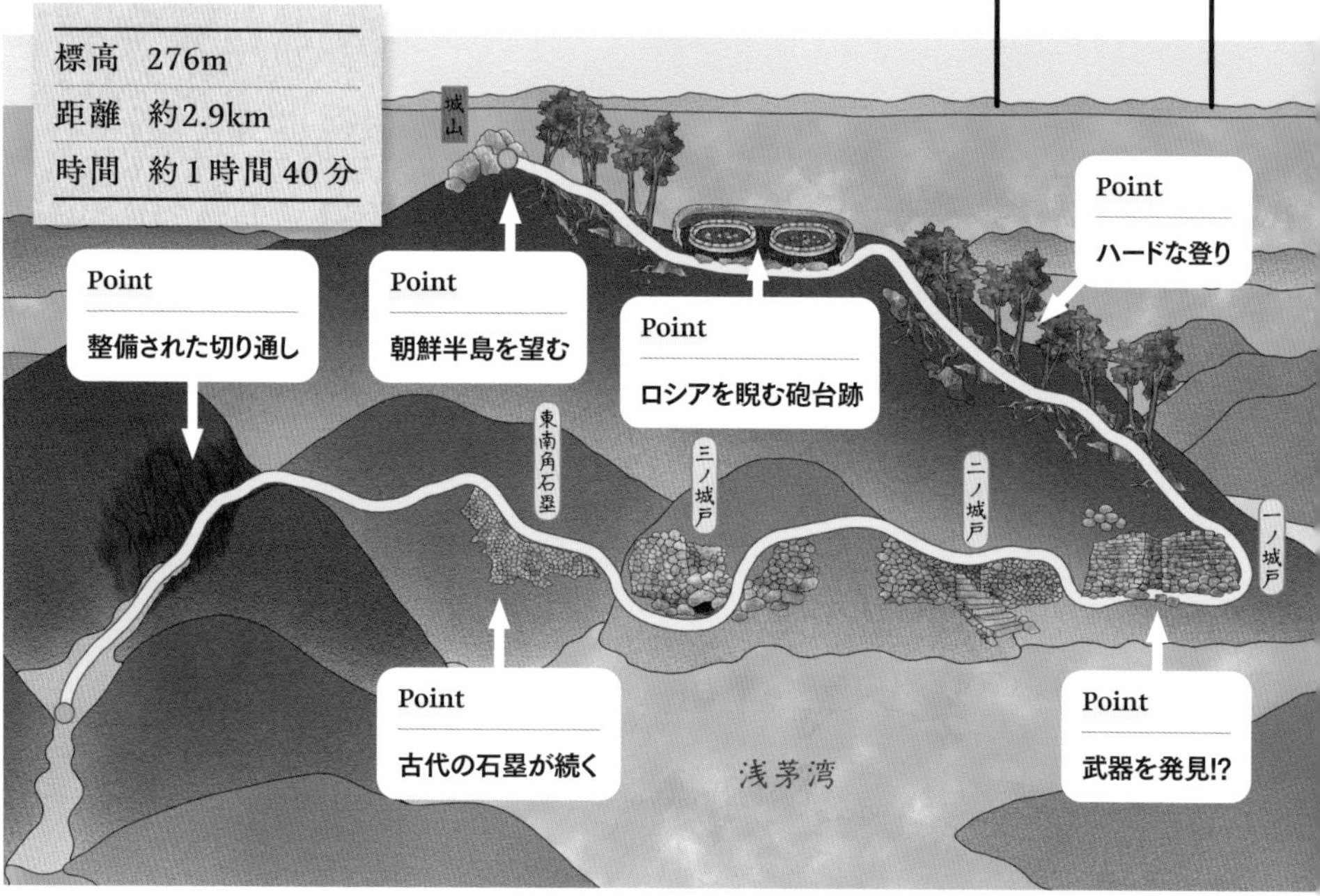

海岸美の眺望と謎解きロマンの歴史トレッキング

対馬主島の下県《しもあがた》（下島）の北部に位置する城山。上県《かみあがた》（上島）との接合部に広がる浅茅湾《あそうわん》や朝鮮半島を望む場所に位置するため、飛鳥時代に金田城《かねだじょう》が築かれた。明治時代にも砲台が整備され、山頂近くにその遺構を見ることができる。登山コースは、途中まで海岸線に沿って、歩きやすい道を行く。リアス海岸が美しい浅茅湾の眺望や、連続する大規模な城趾が刺激的だ。その後、稜線を直登する本格的な登山道となり、雄大な眺望を誇る山頂を目指す。

登山口〜三ノ城戸

近代と古代が錯綜するなだらかな道のり

城山の山容を望むために訪れた烏帽子岳展望台は、韓国人観光客でごった返していた。ハングルが飛び交う中、オープニング撮影を早々に切り上げる。朝鮮半島までわずか50㎞。ここが国境の島であることを実感する。

登山口から金田城跡までは、明治期に整備された軍用道

登山口へ車で向かい、歩き始める。登山道は車が通行できるほどの幅があり、歩きやすい。岩を削った切り通しは、登山道にしてはオーバースペック。「そうか、ダイナマイトの穴なんだ！」。類さんが岩に穴を見つけた。この道は明治時代に軍用道として整備された。今回はその答え合わせを兼ねた登山だ。

カーブの先の開けた場所に出た。湖のようにも見える海は、対馬島の中心部をえぐるように入り込む浅茅湾。山がそのまま海に落ち込み、複雑な海岸線を生み出すリアス海岸が美しい。

そんな海岸線を望みながら歩いていると、「なんだこりゃ!?」と同行者も声を上げるほどの大規模な石積みに出くわした。一部は崩れ落ちつつあるものの、城郭の石塁であることが見て取れる。これは１３００年以上前に築かれた金田城の東南角石塁。「なかなか堅牢…」と類さんが感心するほどのスケールを誇る飛鳥時代の建造物が、現在の対馬に残ることを知る人は少ない。

ここでみえる

古代の石弾

石塁周辺にある丸い石は、投石機の石弾といわれる。これを投げて敵を撃退した。

Column

大和政権が築城した国境最前線の城

663（天智2）年、大和政権が朝鮮半島に出兵。百済と連合し、唐・新羅と戦い敗退した白村江の戦い。その後の侵攻を恐れ、戦いの4年後に築かれたのが金田城。百済の人々の指導のもとで建てられ朝鮮式山城と呼ばれる。城山の周囲2.6km、200haにわたる巨大な城だった。全国から派遣された防人が城を守ったと言われる。

三ノ城戸〜山頂

国境の要塞跡から望む対馬海峡の先

巨大な石塁に沿うように登山道を進むと、広葉樹の森に入る。暗い森の中に再び巨大な石塁が現れる。高さ6.7mある三ノ城戸。次に現れるのは二ノ城戸、最後は一ノ城戸とその壮大なスケール感に舌を巻く。

海に落ち込むように続く東南角石塁。近くには建物跡も残る

当時は朝鮮半島方面の海からちょうどこの石塁群の威容が見え、敵の戦意を削ぐ狙いがあったという。白村江の戦い以降、各地に城が築かれたが、対馬は国境の最前線。それだけに最も力を注ぎ築いた城だということを、この石塁群は物語っている。

「ただし、最近の発掘調査では、ここを守っていた防人《さきもり》は15人程度だったらしいです」。ガイドが語る意外な金田城の実情。つまりこの城は敵を威圧するためだけの「見せ城」だったのだ。

石塁群を後にすると、ロープが張られた急斜面や丸太の階段が続く急登の難所が始まる。「アスレチック！」と強がる類さんの心拍数は確実に上がる。「おーやった！」と喜び勇んで躍り出た先は、山頂にあらず。ここは日露戦争開戦前に築かれた砲台跡。

飛鳥時代以降、顧みもされなかった国境の砦は、明治時代に再び注目され、要塞化が進んだ。「そんな歴史があったのですね」と類さんは不思議な時のめぐり合わせに驚くばかりだ。

「見える！　朝鮮半島だ！」。砲台跡から5分で辿り着いた山頂で類さんが海の先を指差す。「防人は、ここで詩を詠むしかなかったのかな」。見事な海岸美の先に霞む大陸を眺め、先人たちの心中を推し量った。

直径約3mの円形の広場に砲台の台座を設置した

Column

対ロシアの拠点として再び脚光を浴びた対馬

幕末、ロシア船が浅茅湾に侵入し、周辺を不法占拠したポサドニック号事件。これを契機に、ロシアの南下政策を警戒した日本政府は、1901（明治34）年、伊藤博文らが中心となり、この地に31の砲台を設置することを決定。設置されたのは28センチ榴弾砲で7km以上の最大射を誇った。砲台を運ぶ馬車が通るための道も整備された。

類さんの一句

温《おん》石《じゃく》や
ノスタルジーを
懐に

温石＝冬の季語。
句意：防人たちの望郷の念（ノスタルジー）が句作テーマ。東国出身者が多かったという防人たち。朝鮮半島に近い国境線たる対馬が任地ゆえ、心細さは想像するに余りある。懐に入れた温石の温もりがせめてもの心の慰めであったに違いない。

石を温めた「温石」は古代の暖房具。対馬は石材も豊富だった

城山へのアクセス

登山口へは、車で向かうのが便利。厳原町中心部から国道382号を北上。途中、県道24号を今里方面へ進み、「金田城跡」の道標に従い現地。駐車スペースあり。

類'sインプレッション

思った以上に本格的な登山ができました。また、登り進むうちにこの島の歴史が、どんどんおもしろく思えてきました。国境がすぐそこに見える低山は初めてなので、今回は記念すべき登山と言えるでしょう。

下山の後のお楽しみ ～アナゴの炙りと刺身～

対馬海峡の小魚や甲殻類を餌に育ったアナゴは、肉厚で濃厚な味わいが特徴。今回は刺し身と炙りで味わう。カゴ漁で生きたまま水揚げされるため、鮮度そのままにコリコリとした食感が楽しめる。対馬唯一の地酒・**白嶽酒造「白嶽 上撰」**はどこか懐かしさが漂う味と香りに加え、まろやかな口当たりで飲み飽きない。

店舗名	居酒屋 対玄
住所	長崎県対馬市厳原町大手橋1094
TEL	0920-52-2521

山中の儀式でトレッキングシューズを掲げる類さん

長崎県

龍《たて》良《ら》山《やま》

天道信仰が守ったヤマネコの原始林

対馬独自の信仰により禁足地とされた龍良山。今でも足を踏み入れたなら、守るべき掟がある。聖地ゆえに自然が保たれ、日本屈指の原生林が広がる。そこに息づくのは絶滅が危惧されるツシマヤマネコ。対馬の自然の深き懐へ分け入る。

標高	558m
距離	約2.3km
時間	約2時間

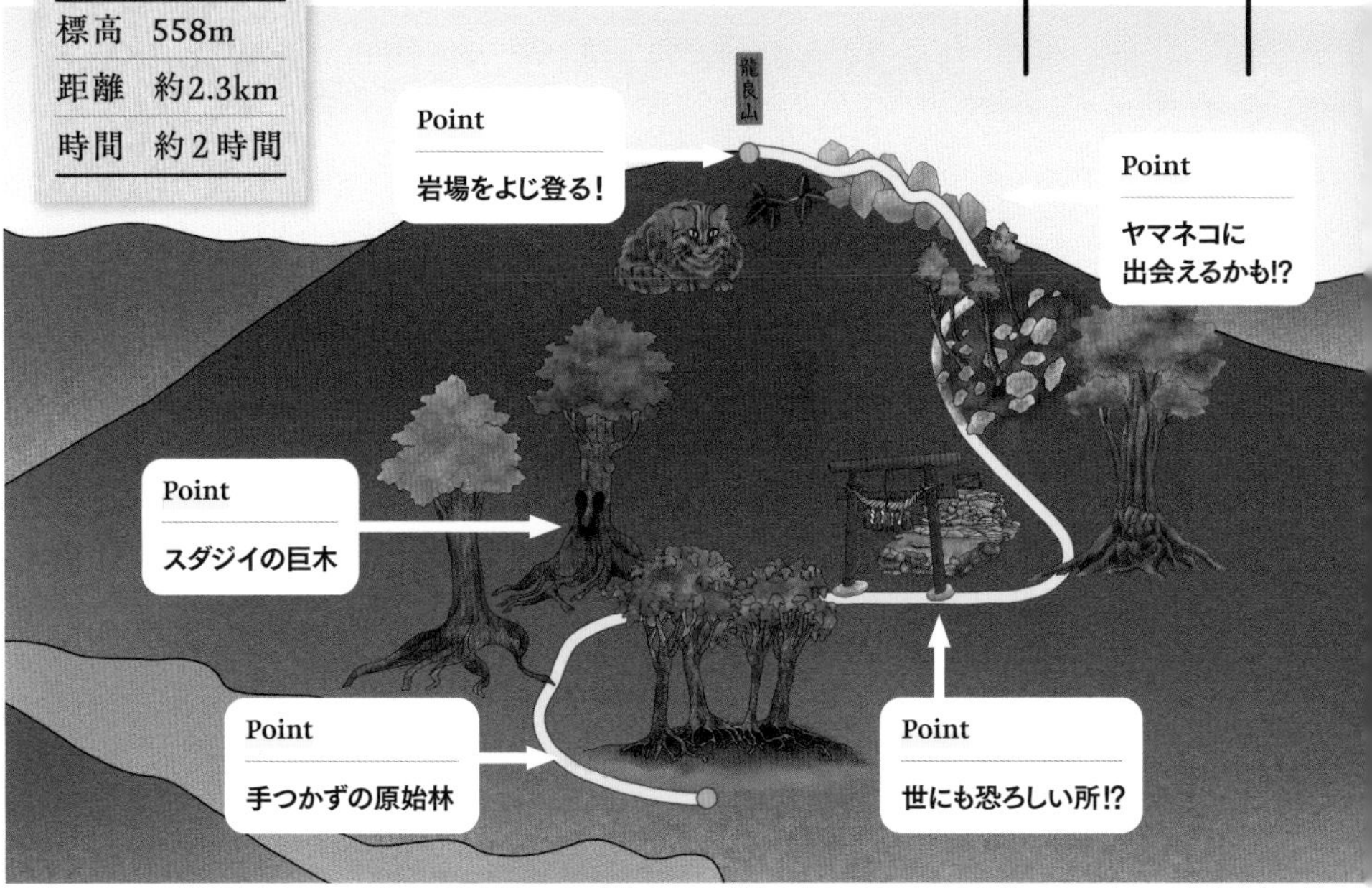

対馬を代表する原始の森と信仰に出会える山歩き

対馬主島の下県（下島）の南部にある龍良山。麓には保護したツシマヤマネコを自然に戻すための訓練施設・ツシマヤマネコ野生順化ステーションがある。また周辺の森は龍良山原始林と呼ばれ、標高１２０ｍから山頂までの照葉樹林は、国の天然記念物となっている。登山口はツシマヤマネコ野生順化ステーションに隣接する龍良山麓自然公園センター。原始林の中を進み、対馬に残る信仰の聖地を訪ねることで、貴重な自然が残された理由を解き明かす。

登山口〜オソロシドコロ

酒場の神様といえども対馬の掟に従う聖地

「かわいいですね。気が合いそうな気がします」。上県（上島）にある対馬野生生物保護センターで、ツシマヤマネコのかなたと対面した愛猫家の類さん。夜行性のヤマネコは眠っていたが、その時、少しだけ顔を上げた。表情は明らかに迷惑そうにしか見えない。

「スダジイさん」と類さんが命名したスダジイの巨木

　登山口からヤマネコが暮らすフェンスを横目に森へと入って行く。全体の9割が森林と言われる対馬。なかでも龍良山原始林のように2500年以上前からスダジイなどが息づく大規模な森は、全国でもごくわずか。「こんなにすごいところってないよ！」と類さんも興奮気味だ。

　鬱蒼とした森の先に、朱色の鳥居が浮かび上がる。その奥には供え物が置かれた石積みが鎮座する。ここは「オソロシドコロ」と言われる対馬に残る天道信仰の聖地。この先は聖域で、本来は見ることも立ち入ることも禁忌とされる。一方でそれを放免される抜け道もある。「インノコ（犬の子）」と唱えながら、靴を脱ぎ、後ろに歩く儀式だ。それは「自分は人ではない」ということを神様へアピールする意味がある。「インノコ〜インノコ〜」。類さんを含む関係者数十人がその儀式を行う風景は、シュールとしか言いようがない。

ここでみえる

オソロシドコロ

天道信仰の神様・天道法師とその母親の墓所とされる。「恐ろしい所」が語源とされる聖地。

Column

対馬独自の信仰が貴重な原始林を残した

太陽を父に持つという天道法師を崇拝する天道信仰。龍良山の麓の集落で1000年以上守られてきた原始的な信仰で、神道の源流とも言われる。オソロシドコロから先は聖域とされ、入ることは許されなかったため、貴重な自然が守られた。転んではいけない、大声を出さない、落とし物を拾わないなど、いくつかのタブーが伝わる。

オソロシドコロ〜山頂

ヤマネコとの出会いに期待を抱き山頂へ

「気持ちがスッキリしました！」。インノコの禊《みそぎ》を済ませた類さんは、憑き物が取れたように軽やかな足取り。

聖域の森を進む。スダジイの巨木群は、地表近くの根が板状に肥大し、うねるように伸びる板根が目立つ。地中に根が深くのばせない環境で見られる特徴だ。対馬の地層が硬い岩でできていることの現れと言えるだろう。

山頂直下にある岩場を越えれば、対馬海峡が望める

類さんが、あるスダジイの前で足を止めた。よく見ればスダジイがヤブツバキの細い木を抱え込んでいる。それを見た同行者が「ペンを持っているみたいですね」と言えば「筆を持って歴史を綴っている」と返すのはさすが詩人。

道は岩が目立つガレ場となり、険しくなってくる。山頂へと続く稜線へと出れば、さらに急登となり、口数も減る。

標高が上がれば気温も下がる。それに反して類さんの期待は高まる。大陸の寒い地域が起源のツシマヤマネコは冷涼な環境を好むとされる。「ツシマヤマネコと僕の猫は似ているんですよ」。ロケの合間にスマホに収めた愛猫の写真を見て涙するほどの類さん。果たしてヤマネコと出会えるのだろうか。

覆いかぶさる木の枝をはねのけ、岩をよじ登る進み難き道が続く。「ネコにならないと通れません！」。進めどもヤマネコの気配すら感じないことで、なにか別のスイッチが入ったように上を目指す類さん。

山頂直下の岩登り。「にゃんにゃん、にゃ〜ん！」と猫の叫び（？）をあげて駆け上るその姿に、ダンディな酒場詩人の面影はなかった。

標高が上がるとスダジイからアカガシの森に変わる

Column

大陸からやってきたツシマヤマネコ

およそ10万年前の氷河期、対馬を含む日本列島はユーラシア大陸と陸続きだった。その頃にツシマヤマネコの祖先など寒冷地に棲む動植物が大陸から渡ってきた。氷河期が終わり、対馬が島になると、ヤマネコは取り残された。現在ツシマヤマネコは70〜100頭が生息するとされ、西表島のイリオモテヤマネコと共に絶滅が危惧される。

類さんの一句

スダジイの魔術や
凍《い》て風が歌ふ

凍て風＝冬の季語。
句意：スダジイの森には人の顔や筆を持つ手の形になった巨樹がある。まるで魔法の世界に迷い込んだよう。梢を揺らす「凍て風」の音が森に響く。神秘的なスダジイの森が句作モチーフ。

高さ22mもあるスダジイの巨木が細いヤブツバキの木を包む

龍良山へのアクセス

登山口へは、車で向かうのが便利。厳原町中心部から県道24号を南下。途中、県道192号を内山方面へ進み、「公園センター」の道標に従い現地。無料駐車場あり。

類'sインプレッション

時間が経つのがあっという間に感じるほど刺激的な山でした。山頂から見える対馬の山並みと対馬海峡はヤマネコもきっと見ていると思います。不思議な信仰が守った森はおとぎの国のような雰囲気で、他にはありません。

下山の後のお楽しみ
～ろくべえ～

サツマイモの粉を練って麺にした対馬の郷土料理。ソバのような色合いながら、ソバほど長くはなく、ツルツルとした舌触りともっちりした食感が楽しめる。出汁は対馬近海で獲れた魚のアラで取り、磯の香りが広がる。お酒は**白嶽酒造の麦米焼酎「対馬やまねこ」**。麦の香りと米の甘みを生かしたスッキリとした味わい。クセもなく飲みやすい。

店舗名	味処 千両
住所	長崎県対馬市厳原町大手橋1079
TEL	0920-52-4406

スペシャル対談 2

ほろ酔いで語ろう低山の魅力

「日本人と低山」

人間の想像を超えたものが感じられる（吉田類）

吉田類

Yoshida Rui

二人のプロフェッショナル達の低山にまつわる知見に触れる対談の第2回目。今回は類さんと同世代で、番組の大ファンという人類学者の中沢新一さんと酒を酌み交わす。実は幼い頃から山と親しんできたという中沢さんは、今、日本文化を研究する立場から低山をどのように捉えているのだろうか。

中沢　第1回目からずっと見ています。興味のある山がたくさんあるのですが、神様や大岩、古刹が登場したり、この番組を見ているだけでも、僕にとってはすごい情報源なのですよ。

類　いや〜嬉しいですね。じゃあここで一献交えていきましょう！

中沢　では手酌で。

類　手酌は土佐では打首なんです。（笑）土佐流に注がせてもらいます。

中沢　そうなのですね。それでは。

二人　乾杯！

類　低山にも登られるのですか？

中沢　故郷が山梨ですから、周囲は全部低山でした。子どもの頃の遊び場も低山。それから帯那山《おびなやま》や乾徳山《けんとくさん》とか徐々に高い山になり、奥秩父へ夢中で行くようになりました。日本アルプスにも足を運びましたが、やはり地形や風景の複雑さ、渓谷の楽しさが一体となっている低山が、僕は登山の醍醐味だと思います。

類　では、研究の対象として低山をどのように捉えていますか？

中沢　低山というのは、日本人と山の関わりの一番凝縮された空間。そこに祀られている様々な神様は、日本人の信仰や思想を表現していると思いますね。

人類学者

中沢新一

Nakazawa Shinichi

日本人の信仰や思想が低山にはある

（中沢新一）

類　長野の小菅山には、縄文時代から信仰されてきた神様の池がありました。ほかにも各地に磐座と呼ばれる巨石があり、神様が降りてくる場所として伝わっています。日本人は縄文時代から宗教的なものが芽生えていたのでしょうか？

中沢　日本人の文化の土台は縄文時代と言われます。殊に宗教思想や民族の思想の原型は縄文人が作ったのです。彼らはどこに信仰の場所を作ったかというと、巨大な大岩が露出している場所。重要なお祭をする場所だったのです。

類　広島の弥山《みせん》は登っている間に神聖なものを感じました。しかも山頂は巨大な岩山で、神がかっている気分になるのが面白かったです。

中沢　古代の人は、平地と山は画然と違う世界だと考えていて、山自体が霊的な領域だったのです。人間は死ぬと体から魂が出て、山へ戻っていくと考えていた。

類　そうみたいですね。

中沢　だからそこにお墓が造られる。それから重要なのは「成人戒」というのがあるのです。子どもが大人になる儀式。これは男女ともに行うのですが、山の中腹以上の岩が露出しているような険しいところまで行って…。

類　そこまで登って大人になる？

中沢　そうです。成人戒を通過するには、子どもだった自分は一旦死なないといけない。ですから、そこは死者を葬る場所でもあるし、生きている人間、子どもが死ぬ場所でもある。その舞台になったのが低山だったのです。

類　生命が再生するわけですね。

中沢　番組を見て思ったのですが、一緒に登るゲストの人たちも「自分が洗われて、生まれ変わった」ように見えます。やっぱり山の効果っていうのは今もあるのでしょうね。

類　ほかにも山ではたくさんの神様に出会いました。東京の御岳山はオオカミ、福島の猫魔ヶ岳はネコが神様でした。いろいろな神様がいるワンダーランドです。

中沢　なぜ低山にたくさん神様がいるかというと、昔は、とにかく山を知るためにはそこで一晩明かす。するといろんな体験しますよね。音や動物の気配など、想像力をすごい刺激されますよね。この想像力から様々な神様が現れてくる。

類　人間の能力を超えたものを想像してしまうというか、神的なものと結びつきやすいとは思います。

中沢　山の神様というのは、鬼とか天狗に象徴されます。しかし、その支配下にある精霊たちはいろんな形に自在に変容してくる。だから山を生活の場所とした人や、修行僧の想像力が作り出す神様はすごく多様です。人間だけがこの世界を作っているわけでもない、人間だけが重要な存在でもない。類さんが低山登山を通じて、それを超えたものがあるという感覚を抱いたことは、とても良い世界観だと思います。

類　そうおっしゃって頂けるなら、低山を歩き続けてよかったと思います。

禁足地とされる
低山の聖地は
懐が深い
（吉田類）

神様がいる山は本来入ってはいけない場所もありました。長崎・対馬の龍良山では、禁足地に入っていくために「インノコ」の儀式をしました。

中沢　私もやりましたよ。オソロシドコロという滅多に人が入ってはいけない場所とされていましたね。罪人もそこに入ると、追及されない空間なんだっていうことを教えてもらいました。実際に行ってみたら、本当にとんでもなく山深いところでした。

類　あの森には僕も驚きました。

中沢　あそこである種の教団を作って、そこを聖地にしてから、なおさら一般人には怖い話をたくさん作るわけです。インノコの儀式をやらせるのも、「ここはすごいところなんだから、そういうことをやらなきゃいけない」という意味があるのでしょうね。

類　なるほど、隠れ家的な聖地に仕立て上げるということですね。

中沢　低山は別に違法な場所ではない。低山登りも違法な行為じゃないんですけれど、その中に入ると世俗的な法律とかが削げ落ちるんです。そこはアジール（聖域）です。昔、例えば中世にアジールに値する神社や寺院で「サンリン」って呼ばれているのはだいたいアジールなんですよね。そういう場所を確保していた。このアジールは、今の世の中では、本当に作りにくいですよね。

類　非常に難しいと思います。

中沢　すぐSNSに投稿されたり、炎上させられたりする。だからこそ最近は、低山が受けていると思いますよ。

類　それは低山のアジールの懐の深さとでもいいますか。

中沢　地方の人しか知らない低山の聖地というのに入っていった時の喜びといったらないですよね。

類　そうですよね！　まだ研究対象は残っていますか？

中沢　いっぱい残っていますよ。類さんが百歳になるまで、千低山ぐらいやらないと日本のことは明らかにならないです（笑）。

類　今日は大衆酒場でアジールの話を語りましたね。

中沢　ここは都会のアジールですよ。

類　そうなんです。今度はまた山でやりましょう！

中沢　それいいですね！

ロケ地／みますや
東京都千代田区神田司町2-15-2

中沢新一

東京大学大学院満期退学。インド、チベットで仏教を学び、帰国後、人類の思考全域を視野にいれた研究分野のあり方を提唱する。人類学のみならず、歴史、哲学、民俗学、経済学、自然科学の分野にまたがる研究に従事する。『アースダイバー』（講談社）など多数の著書がある。

あとがきに代えて

「登山の本なのでタイトルに〝二合目〟と入れました」。藤川くんが晴れがましい顔で言う。本書の文・編集と写真を担当してもらっている。僕の登山サポートもお願いしているので体力づくりに余念がない。もっとも撮影スタッフをはじめ番組製作チームは運動能力の高い猛者《もさ》ぞろいだ。

プロデューサーの一人・山田さんは、華奢《きゃしゃ》な風貌に反して60代のタフガイ。遅い時間にできたロケ弁（14～15人分）を背負い、滑るロープ場をよじ登って追いかけて来た。

番組の制作統括・国沢さんは多忙な時間を縫って現場に駆け付ける。オリエンテーリングが趣味でアップダウンのきつい山のルートを飛脚のように走り抜ける。

厄介なヒルやヘビの扱いに手慣れている女性スタッフ川俣さんには、誰もが一目置いている。沖縄で日本最大級のヘビを素手で捕まえて見せてくれた。もちろん僕が苦手なのを承知の上で

の茶目っ気だ。

またドローン操作が巧みな長谷川さんは山野を駆け廻って鹿の狩猟もやる。

ひょうきん娘の福岡さんは全くの登山初心者だったが、半年ほど経ったら機材を携えたまま急登を小走りするまでになった。

他にも個性豊かなスタッフの枚挙にいとまがない。それぞれ持ち場は違うが大家族のように親しい。

最長老の僕は元来のスローモーだからバツが悪い。きびきびと動くスタッフに紛れて、いざ出立。

「介護登山をよろしくねー」と声掛けして失笑をかう。

幾つもの感動を抱いて山を下りれば、僕は神妙に合掌する。

撮影にご協力いただいた方への謝意はどこまで伝えられたのか。

「みんな、ありがとう」が、果てることなく山里に木霊《こだま》すれば嬉しい。

吉田 類

「にっぽん百低山」制作スタッフ（五十音順）

語り
浅野里香
池田伸子

撮影
上杉隆寛
筈井貴之
藤枝孝幸
藤田岳夫
森屋 進
吉賀一彰
脇屋弘太朗

ドローン
稲田悠樹
橋本吉剛
長谷川 文
林 俊宏
三戸呂拓也

映像技術
櫻 裕貴
嶋田栄一
棚橋雄太郎

音声
在原康博
井之上大輔
片浦 渓
金 起煥
草地康明
関 佳波
田中杏奈
中山寛史
橋本吉剛
姫井信二
八尋 伸
渡辺盛男

音響効果
秋山佳歩
小島健太郎
小島利昌
鈴田佑土
高嶺利規
松島緩葵
宮嵜郷仁

CG制作
根本サナエ

編集
岸端洋子
須江友弥
多胡実信
中井慶彦
永島 昇
堀内和啓
益冨桜子
光森 悠
矢吹雅弥
吉村尚史
綿貫俊介

取材
岡田あおい
香月 快
川俣佳子
齋藤太郎
鈴木寛隆
橋本ひとみ
三浦杏里
宮田彩花

車両
中村順一郎

ディレクター
五十嵐 拓
小倉 朗
木村輝一郎
永尾秀樹
西 拓真
野沢拓臣
浜野優太
福岡 彩
溝口秀継

プロデューサー
北條雅樹
山口智史
山田博之

制作統括
国沢五月
真藤忠春
中島木祖也
藤田英世

制作協力
アズマックス
東京ビデオセンター
日経映像

制作
NHKエンタープライズ

制作・著作
NHK

2024年3月、東京・神田の「みますや」にて

撮影協力

大尽山	南 直哉
	酒井嘉政
恵山	毛利 剛
イワオヌプリ	小田桐亮
大岳山	武蔵御嶽神社禰宜・須崎直洋
	西村敏也
武甲山	大野 洋
子ノ山	引間隆文
大姥山	伊藤悦男
猿投山	猿投神社禰宜・白鳳智義
	近田平夫
夜叉ヶ池山	川崎正俊
岩殿山	稲垣自由

三方分山	杉本悠樹
御在所山	千種清美
ひき岩群	川上新一
妙見山	植田観肇
大文字山	長谷川綉二
堂山	松下征文
鷲ヶ頭山	大山祇神社宮司・三島安詔
	白石成二
眉山	和田英美
	福山博貴
船通山	佐佐木幸雄
三瓶山	中村唯史
工石山	鴻上 泰

不入山	田中勝幸
蒜山	前原茂雄
行縢山	柳田明子
双石山	柴 睦巳
	松崎保忠
宝満山	山村信榮
両子山	寺田豪淳
	山本純夫
天山	溝口秀次
城山	田中淳也
龍良山	西 護

吉田類《よしだ・るい》

酒場詩人。俳人、イラストレーター。1949年高知県生まれ。著書に『酒場歳時記』（NHK出版）、『酒場詩人の流儀』（中公新書）、『NHKにっぽん百低山　吉田類の愛する低山30』（NHK出版）など。テレビ出演に「吉田類の酒場放浪記」（2003年～、BS-TBS）、「にっぽん百低山」（2020年～、NHK）。

※掲載している情報は
2024年5月現在のものです。

編集／執筆／写真
藤川 満

イラストマップ
根本サナエ

フォーマットデザイン
尾崎行欧デザイン事務所

デザイン
宮岡瑞樹

DTP
滝川裕子

校正
円水社

NHK にっぽん百低山
吉田類の愛する低山30 二合目

2024年6月25日 第1刷発行

著　者　吉田 類

発行者　江口貴之
発行所　NHK出版
〒150-0042　東京都渋谷区宇田川町10-3
TEL 0570-009-321（問い合わせ）
TEL 0570-000-321（注文）
ホームページ　https://www.nhk-book.co.jp
印刷・製本　共同印刷

乱丁・落丁本はお取り替えいたします。定価はカバーに表示してあります。

Printed in Japan　ISBN978-4-14-081964-7　C0095